国家现代农业产业技术体系项目"苹果产业经济研究"

（国家重点项目：CARS-28）

国家自然科学基金面上项目

"交易成本对农户农产品销售行为的影响及专业化组织创新研究"

（项目编号：70973098）

山西财经大学青年科研基金项目

"乡村振兴战略背景下农民合作社与产业精准扶贫的耦合关系研究"

（项目编号：QN-2018003）

中国"三农"问题前沿丛书

苹果合作社：
治理结构、行为与绩效

GOVERNANCE STRUCTURE,
BEHAVIOURS AND PERFORMANCE OF
APPLE GROWERS' COOPERATIVES IN CHINA

冯娟娟　霍学喜　著

社会科学文献出版社
SOCIAL SCIENCES ACADEMIC PRESS (CHINA)

目 录
CONTENTS

第一章 ◢

导论

一 研究背景

中国农业正处于转型发展阶段，创新农业经营制度，特别是以合作社为载体，促进形成农户纵向协作、横向合作机制，培育新型农业经营主体，是扩大农业经营规模、优化农业组织结构、提高农业生产效率和综合竞争力的重要途径。理论研究和实践发展证明，微观组织层次的农民合作社是带动农户进入市场的基本主体，而且完善的合作社治理体系有利于稳定和增加农民收入；在中观层次，农民合作社是农业产业组织的重要中介组织，有效的合作社治理对农业产业化发展具有重要影响；在宏观层次，农民合作社是国家实施农业发展政策的重要主体[①]，逐步推进家庭经营基础上的合作经营制度，是国家提高农业产业组织化程度的基础性制度。但现实中，中国既缺乏符合合作理论规范支持的农民合作社，也缺乏符合《中华人民共和国农民专业合作社法》（2007，以下简称《合作社法》）规制要求的农民合作社，即中国缺乏真正意义上的合作社，现有合作社多是空壳合作社、公司化

---

① 2015 年中央一号文件、十八大报告、《全国农业可持续发展规划（2015 - 2030 年）》，《全国农村经济发展"十三五"规划》中都提出新型农业生产经营组织创新和体系构建。

的市场组织（邓衡山等，2016）。由此可见，中国政府通过颁布《合作社法》，依法赋予既符合农业产业属性又符合农户小规模生产、分散化经营属性的弱势群体组织发展权，被以涉农企业、农村精英群体为主的强势群体非法剥夺，即农村精英群体、强势群体以各种方式，借用农民合作社的"壳"，剥夺了政府依法赋予农民这种中国体量最大、分布最广、发展壁垒最多、发展难度最大的弱势群体的组织发展权。因此，规范农民合作社治理，提高农民合作社治理绩效，是值得理论界、决策层和农业产业界高度重视的重大问题。

（一）内部结构有序性是改进合作社治理绩效的前提

在农民合作社治理结构中，成员大会、理事会、监事会和经理人是合作社内部结构的主体组成部分，是合作社治理的重要载体。但农业制度环境、市场制度环境、政策运行环境是影响农民合作社治理结构设计及运行效果的重要外部环境，是影响弱势群体合作的重要因素。

我国农民合作社发展起步晚、覆盖面窄，但发展速度快（黄祖辉等，2002）。根据国家工商行政管理总局统计（见表1-1），截至2016年6月底，中国登记注册的农民合作社数量为166.90万户，入社农户约占全国农户总数的42.70%。① 但我国农民合作社仍处于初级发展向成熟期过渡阶段，尚未建立起合理有效的治理体系及制度安排，存在明显的精英俘获（马彦丽、孟彩英，2008）、治理结构不规范（徐旭初、吴彬，2010）、服务功能不完善、行政干预严重、运行活力不足，以及发展不稳定甚至逆组织化（王鹏、霍学喜，2012）问题，对农户的吸引力和带动力仍然很弱（孙亚范，2008）。

---

① 全国依法登记的农民合作社达到166.90万家，http://www.xjkunlun.cn/ycjy/sndt/2016/3910503.htm。

表 1 – 1　全国农民合作社数量与出资总额情况（2008 ~ 2015 年）

年份	数量（万户）	同比增长（%）	出资总额（万亿元）	同比增长（%）
2008	11. 09	—	0. 09	—
2009	24. 64	122. 18	0. 25	184. 09
2010	37. 90	53. 81	0. 45	80. 00
2011	52. 17	37. 65	0. 72	60. 00
2012	68. 90	32. 07	1. 10	52. 78
2013	98. 24	42. 58	1. 89	71. 82
2014	128. 88	31. 19	2. 73	44. 44
2015	153. 10	18. 79	—	—

注：2015 年全国农民合作社出资总额数据缺失。

　　随着合作社规模扩大和成员数量增长，成员异质性[①]逐渐增强，成员间的利益冲突也会愈加严重，并影响合作社持续发展。多数成员只对生产领域比较熟悉，缺乏市场营销能力及参与相关组织治理的能力，而核心成员却利用普通成员的有限知识牟取私利，产生机会主义行为。在合作社内部治理过程中，当面临信息不对称、有限理性情境，进而导致农民合作社很难建立完全契约来解决治理问题时，改进合作社治理就是值得关注的问题（王军，2010）。此外，市场需求变化与竞争程度、与合作社存在业务往来的企业资本状况及其利益诉求，以及政府的财政、税收、金融等扶持政策，都会对农民合作社内部治理及运行模式产生影响。

　　根据中国农业产业化状况判断，农民合作社治理状况主要表现为：一是农民合作社内部治理结构松散，治理效率较低（US-DA，2012）；二是农民合作社所处区域环境差，难以与制度环境、市场环境和政策环境相适应，治理结构及模式优化难度大。组织治理的本质是促进组织有序发展，但中国农民合作社尚未构建有

---

　　① 成员异质性可总结为自然资源（生产规模）、人力资源（管理才能）、资本资源（资金投入）和社会资源（人际网络）四个方面（徐会奇等，2010）。

序的内部治理结构，也未形成利益相关者间合理的利益制衡机制。如何协调合作社利益相关者之间的利益关系，优化合作社治理模式，促进合作社持续有效发展成为亟待解决的问题。

（二）产权制度安排是合作社治理结构设计的基础

合作社治理产生的根源是其所有权与控制权分离，本质是所有者、控制者和惠顾者的统一。合作社内部治理的相关利益主体主要包括成员大会①、理事会、监事会和经理人（理事长）等。在合作社治理过程中，全体成员通过成员大会选举产生理事会，产生以全体成员为委托人、理事会为代理人的委托－代理关系；理事会成员选举产生理事长，产生以理事会为委托人、理事长为代理人的委托－代理关系。但在合作社实践中，多数合作社存在大股东控制问题。由于股权结构差异，全体成员分化为普通成员和核心成员，在核心成员控制下通过选举产生理事会和理事长，一方面，产生内部人控制问题，核心成员剥夺普通成员权利，扭曲了合作社服务成员的作用，影响了其功能的发挥；另一方面，产生普通成员"搭便车"问题，对经营管理者监督失效，使合作社治理失范，不利于改善合作社治理绩效。

产权结构是所有权、控制权与收益权的集合。《合作社法》对农民合作社的公共产权和个人产权进行了初步界定②，体现了对合作社中农民成员主体地位的保护。但该法在执行过程并未有效解决农民合作社产权关系问题。

（1）合作社成员个人产权难以清晰界定。农民合作社是由弱势群体组成的自愿和民主的互助性经济组织。合作社多数普通成

---

① 包括成员代表大会，下同。
② 在公共产权方面，规定合作社对成员出资、公积金、国家财政补助和社会捐赠形成的财产享有占有、使用和处分的权利，并承担与其资产相应的责任。在个人产权方面，设立成员账户；以出资额和公积金份额为限对合作社承担责任；分配盈余按交易量（额）比例返还；社员退出时，记载该成员在账户内的出资额和公积金份额。

员在资金、技术、经营管理等方面能力有限，且合作社是在不同主导模式下发展起来的，其投资主体多元化，因此发展初期很难将合作社产权明确到个人，这种模糊的原始产权关系会随着合作组织规模的扩大而逐步加强，最终使个人产权难以清晰界定。

（2）产权制度安排模糊难以有效激励合作社成员。产权关系既是一种激励代理人的利益关系，也是一种约束委托人的责任关系。合理的产权关系既可使委托人和代理人获得收益，也可以约束委托人和代理人的治理行为。但在合作社产权制度安排中，合作社缺乏投资激励、人力资本激励和稳定的发展基础。合作社普遍面临经济实力较弱、资金短缺、人才匮乏等问题，入股资金和公积金是组织运行和发展的重要资金支持，成员退社自由使合作社资金基础处于不稳定状态，对经理人激励不足，成员缺乏监督激励，导致合作社治理失范。

（3）股权结构、民主管理和成员惠顾关系导致利益分配与风险分担缺乏公平性。股权结构指合作社不同利益主体的股权比例（出资比例），是所有权的体现；民主管理是合作社成员对合作社的共同管理，是控制权的体现；成员惠顾是合作社成员与合作社业务往来的交易量（额），是惠顾权的体现。模糊的产权关系难以形成合理的股权结构、民主管理方式和较高的成员惠顾，无法对不同行为主体进行激励约束，导致普通成员"搭便车"行为，核心成员机会主义行为以及普通成员与核心成员发生利益冲突。此外，当合作社发展到一定阶段，会吸收新成员，由于初始产权不清晰，则易产生老成员与新社员利益分配与风险分担不公平的问题。

（三）依法规制是提高合作社治理绩效的保障

新修订的《合作社法》的颁布标志着我国合作社进入有法可依的阶段。其成立目的是支持和引导合作社的发展，规范合作社的组织和行为，保护合作社及其成员的合法权益，促进农业和农村经济的发展。①《合作社法》在合作社设立和登记，成员、组织机构、财务管理，合并、分立、解散和清算以及法律责任等方面都做出相应规定，解决了长期以来制约农民合作社发展的法律地位、组织属性、利益分配与内部治理等一系列重大问题（张满林，2007：2）。各级地方政府也出台了关于合作社发展的登记、会计、示范章程等方面的法律政策。

在农民合作社实践发展过程中，存在诸多影响合作社规范化发展的一系列深层次矛盾和问题，导致合作社的组织优势并未得到充分发挥。表现为：一是合作社的发展需要与外部环境和条件相协调，即要因地制宜地对合作社进行符合合作社法的规范化治理。二是需要健全的内部法人治理结构、有效的治理行为和合理的治理模式对合作社进行综合治理。但多数合作社运行过程并不符合法律规定。此外，《合作社法》的有些条款还不够完善、阐述不清晰，使合作社在治理和运行过程中无所适从，如成员出资具有不确定性、盈余分配制度不完善、政府扶持政策不健全等。随着合作社外部条件的改善，《合作社法》规制功能的有效发挥是合作社规范运行和持续发展的保障。

（四）以苹果合作社为案例研究合作社治理具有典型性

苹果是商品化和市场化程度较高的农产品，相比粮食等大宗农产品，其市场竞争相对比较充分，苹果产品市场的运行规则更接近市场经济规律。目前，苹果产业竞争已不仅仅是质量、价格、品种和单个苹果种植户（即果农，下同）的竞争，而且是包括品牌、技术、信息、经营主体和经营方式在内的系统综合性竞争。单个果农由于种植规模较小，缺乏科学种植技术和销售管理知识，其市场竞争力较弱，从而产生将分散果农组织起来、共同参与市场竞争的苹果种植户合作社（即苹果合作社，下同）。苹

---

① 《合作社法》第一条。

果合作社依托当地苹果产业优势，为广大果农提供产前的农业生产资料，产中的技术培训和产后的产品销售、加工、储藏等相关服务，有效解决了"小果农"与"大市场"的联结问题。在深化农村产权制度改革及农业供给侧结构性改革过程中，苹果合作社在果业增效和果农增收等方面发挥了重要作用。

苹果合作社是增加果农种植收入、提高苹果产业化水平的重要途径，因此从市场经济角度考虑，依托苹果产业研究苹果合作社治理问题具有典型性和代表性。

综上所述，随着外部环境逐步完善和成熟，健全的内部治理结构、有效的治理行为、合理的治理模式以及组织内、外部治理协调发展是提高合作社治理效率、改进合作社治理绩效、促进合作社规范运行和持续发展的重要内容。合作社在未来发展过程中，该如何设置组织机构，何种治理结构模式更有利于合作社持续发展；成员能否成为合作社利益主体，其经济利益能否得到有效维护，成员民主权利能否得到有效保障；如何评价合作社治理绩效；合作社能否在苹果产业规模化、专业化过程中发挥更大的作用，这些问题都取决于苹果合作社的治理过程。

二　研究目的和意义

（一）研究目的

本书以合作经济理论和组织治理理论为指导，以苹果合作社为案例，厘清苹果合作社治理的属性特征及其作用机理；分析苹果合作社的治理结构和治理行为，并评价合作社治理绩效；围绕规范苹果合作社的治理和持续发展，提出对策与建议。

具体研究目的规划为以下三点。

（1）以苹果合作社治理的内涵、外延、属性特征分析为基础，构建苹果合作社治理理论体系，解析苹果合作社治理中存在的问题及其成因，为验证分析奠定基础。

（2）以合作理论为指导，遵循有限理性经济人假设原则，分析苹果合作社治理结构特征和治理行为规律，揭示合作社治理结构问题及其影响因素，运用因子分析法、多元线性回归模型、似不相关回归计量模型，评价苹果合作社治理绩效并分析其影响因素。

（3）围绕优化苹果合作社治理结构、规范合作社治理行为、提高合作社治理绩效，从政府、组织和成员关联视角，提出相关对策与建议，为政府完善合作社治理监管政策，提供理论与实证依据。

（二）研究意义

本书从创新农业产业组织治理能力、完善农业经营制度视角，以苹果合作社为案例，研究合作社治理中存在的产权结构、治理结构以及内部人控制、成员异质性、利益冲突等问题，对促进合作社发展具有重要理论和现实意义。

1. 理论意义

合作社治理一直是理论界研究的重点领域，但针对中国的高价值农产品合作社治理理论研究缺乏系统性和完整性。本书研究苹果合作社治理状况、问题与成因，通过研究苹果合作社的不同治理结构模式、治理行为特征，评价合作社治理绩效及其影响因素。构建苹果合作社治理理论体系和分析框架，有助于丰富农业产业组织治理理论，有助于形成支撑开展多年生、高价值植物类产品专业合作社治理理论及治理绩效评价方法。

2. 实践意义

合作社规范化治理是农业产业发展规模化与专业化的重要保证，是解决"三农"问题的重要路径。首先，基于本书得出的有效合作社治理结构模式、治理行为特征及其影响因素以及治理绩效的测度与评价等创新性结论，探索优化合作社治理模式的具体路径，提高合作社的经营效益及对农户的带动能力，促进合作社公平与效率的共同作用，为合作社经营管理人员进行合理的制度安排提供理论指导，为合作社规范化运行提供决策参考；其次，作为高价值农产品代表的苹果具有较高的经济效益和市场化水平，通过研究其产业组织治理为政府修订《合作社法》及完善相关法规政策提供科学的理论依据，进而为合作社治理创造良好的市场环境和法制环境；最后，通过构建健全的监督制度体系，加强政府对合作社的监督管理，对政府完善合作社治理监管政策具有重要参考价值。

三 文献综述与评价

英国 1844 年成立的罗虚代尔公平先锋确立了理论界公认的合作社准则即"罗虚代尔原则"——入社自愿、退社自由、民主管理、公平交易、二次返利。1995 年国际合作社联盟（ICA）通过《关于合作社特征的宣言》并提出合作社七条原则，即自愿与开放，民主控制，经济参与，自治与自立，教育、培训和信息服务，合作社间的合作以及关心社区，对不同国家和地区的合作社治理及发展具有借鉴价值。从影响合作社治理结构与治理绩效关系的角度来看，中国合作社发展经历了经济功能型阶段、经济政治功能融合型阶段及经济政治分离型阶段。20 世纪 20~30 年代出现由知识分子精英创办的消费合作社，但合作社数量少，覆盖范围小。1949 年以来，政府围绕提高农业组织程度，按照自愿原则，鼓励发展农业生产互助合作社（孔祥智等，2012）。但 50 年代末政府强行干预生产互助合作社的组织运行，将农民自愿的经济合作演化成政府强制组织，违反了合作社原则和经济规律，使合作社的政治功能大于其经济功能，导致合作社治理失败（林毅夫，1992；杜润生，1994；温铁军，2013）。20 世纪 80 年代末 90 年代初，随着中国改革开放推进，农村市场经济改革也不断加快，农业产业化发展促使农产品进入现代市场流通体系，小规模家庭经营与社会化大市场的矛盾日趋显现，为解决此种矛盾，各类农业合作经济组织逐渐发展起来，并恢复其经济功能；20 世纪 90 年代后期，随着农村经济改革的深入发展和社会主义市场经济的推进，农村合作经济组织和合作股份企业广泛发展起来；2000 年以后特别是 2007 年《合作社法》颁布以来，我国农业合作社数量和规模呈现加速增长态势，覆盖乡村、农户的范围不断扩大（苑鹏，2008；张晓山，2009），标志着中国合作社进入有法可依的发展阶段，但合作社在治理过程中仍存在利益冲突、成员异质性等诸多问题。

针对合作社治理研究，学术界主要围绕两条主线展开。主线之一是基于新古典经济学视角，将合作社视为一种企业类型，对合作社不同治理模式进行深入分析与探讨；主线之二是基于新制度经济学视角的产权经济学、交易费用经济学、契约经济学、委托－代理理论等方面的研究。在两条主线研究的基础上分析基于成员角度的合作社治理问题，由此深入到合作社内部对其运行过程中的治理结构、治理行为、治理绩效和外部治理环境等相关问题进行分析与探讨。

（一）新古典经济学视角的合作社治理

新古典经济学将消费者和厂商作为研究的经济行为主体。这些行为主体在个人消费偏好、资源总量、社会制度、生成技术、知识信息等既定背景条件下，最大化各自特殊的利益目标（樊纲，1990）。随着科技革命及由此造成的劳动者主体地位提高，古典经济学家（B. Wald，1958）认识到调整企业内部经济关系和治理制度的必要性（丁为民，1998）。合作社作为一种重要组织的治理结构成为合作经济学关注的重点。Emelianoff（1942）和 Enke（1945）运用新古典经济学思维，研究农民合作社治理，形成合作社治理分析方法，推动农业合作经济理论发展（徐旭初，2005：15）。20 世纪 40 年代到 80 年代，经济学家通常遵从纵向一体化治理模式，分析合作社治理问题（Staatz，1987）。

1. 纵向一体化治理模式

将农民合作社作为农场的延伸，按照纵向一体化治理模式（Emelianoff，1942；Robotka，1947；Phillips，1953），以独立农场主的不完全联合作为其基本治理框架。通过建立合作社纵向一体化治理理论框架，研究合作社治理结构中全体成员与合作社的委托－代理关系，认为农民合作社是独立的农场主在纵向协调中获益的一种联合行动（刘勇，2009），坚持按成本交易（business-at-cost）和成员利益最大化原则。随着合作社规模扩大，成员管理能力不足和参与积极性减弱，但促进合作社由民主管理控制向经理人管理控制转变，从而产生委托－代理问题。

Phillips（1953）建立了产出和价格决策模型，按照成本－收益分析法思维，设计出成员边际成本与合作社边际成本之和等于合作社边际收益的模式，基于成员利益最大化视角，研究合作社治理中的利益分配。Aresvik O.（1955）认为合作社的本质只是将合作社作为成员的集合和企业的延伸，而忽略了合作社的本质，即成员利益最大化。

Andrea Harris 等（1996）认为，合作社纵向一体化治理模式设计中，应该关注人的情感、信任、情境等非经济因素。在合作社发展初期及小规模经营阶段，基于信任的治理方式可有效减少管理型与市场型交易成本（王军，2010），产生较好的经济效益和带动农户发展效应。

2. 独立企业治理模式

本研究范式将农民合作社视为独立的企业模式，即合作社是追求利润最大化的投资者所有企业（IOFs）的变体（Enke，1945），认为只要合作社的生产者剩余和消费者剩余总和实现最大化，成员和合作社的福利也能达到最大化。该理论认为合作社的决策过程应该由"高级协调者"（peak coordinator）即经理人来主导和完成。

Helmberger 和 Hoos（1962，1965）将农民合作社视为追求社

员利益最大化的组织，按照成员惠顾额（量）比例将收益返还给成员，实现成员利益最大化，保证合作社利益分配机制有效运行。在收益递减的情况下，新成员会减少现有成员的收入，因而认为合作社可通过限制成员数量、经营规模对成员形成潜在激励，提高现有成员的积极性和凝聚力。

在农业发达国家，合作社的重要功能是提高市场竞争力，维护弱势群体（农民）的利益，而成员退出则会影响合作社治理及其正常运行。Helmberger（1964）认为，合作社的存在会使市场更接近完全竞争均衡，因而封闭成员资格会导致市场无效率。Sexton（1990）认为合作社开放成员资格，有助于减少涉农企业的垄断行为。

3. 联盟治理模式

布坎南认为，在集体活动中无论组织结构的复杂程度如何，最终的决策者、选择者与行动者都要归结到个人。[①] 在纵向一体化治理模式中，农民合作社仅存在分散的组织决策过程，即组织成员决策。20 世纪六七十年代，理论界按照合作社成员同质性假定，抽象了组织内的目标冲突，将合作社作为独立的组织和决策中心，但忽视经理人的作用。

Kaarlehto P.（1955）、Ohm H.（1956）和 Trifon R.（1961）认为，成员异质性及成员与管理人员的组织目标差异性、信息成本和集体行动的本质不利于形成均衡。在此情境中合作社行为是由反映参与者能力的讨价还价过程导致的，即合作社是农民、管理者、理事会等参与者的联盟，每个参与者都有其参与组织治理的目标，只要参与的目标可以实现，就会加入合作社。研究该治理模式的学者多研究合作社成员间以及成员与其他参与者（如管理人员）间的利益冲突，强调合作社单个成员不能承担全部边际成本或获得全部

---

① 詹姆斯·布坎南（James M. Buchanan, Jr.），美国著名经济学家，公共选择学派代表人物，1986 年诺贝尔经济学奖得主，他把公共选择学科所使用的经济学方法归纳为三个方面：①方法论上的个人主义；②经济人行为的理性原则与利己主义本性；③政治作为交换过程的特点。

的边际收益，从而可能产生不利于合作社长期福利或其他成员利益的行为（Kaarlehto，1955；Ohm，1956；Trifon，1961）。

20世纪90年代以来，有学者将合作社视为效用最大化群体的联结，从而拓展了联盟治理模式。通过构建非均衡价格系统模型（Fulton and Vercammen，1995）、非线性定价模型（Vercammen et al.，1996）、形式化投资模型（Alback and Schultz，1997），分析合作社治理过程中的经济失效、成员异质性、信息不对称、成员投资行为等相关问题。

（二）新制度经济学视角的合作社治理

20世纪五六十年代，新制度经济学发展，应用产权经济、交易费用、委托－代理理论，为农民合作社治理研究开创了新视角。

1. 产权经济视角

以产权理论为基础，凸显了产权安排对合作社治理结构、治理绩效的重要影响（Fulton et al.，1995），发现合作社并非有效率的经济组织（Alchian and Demsetz，1972；Jensen and Meckling，1979；Fama and Jensen，1983）。其中Cook（1994）认为，合作社是财产权定义模糊的成员与投资者的集合，治理结构复杂，特别是模糊的产权关系容易导致剩余索取权与决策控制权间的冲突，并引发"搭便车"问题①、视野问题②、投资组合问题③、控

---

① Free Rider Problem，该问题是指合作社成员或非成员能够免费享受其他成员出资的好处，所以都希望其他成员出资，自己不出资或少出资。

② Horizon Problem，该问题源于不可流动资本导致的资本发生作用时间长于出资者能够享受出资收益的时间，成员失去资格后不再享受出资收益。成员在衡量是否出资时进行成本和总收益的比较，总收益是今后各期收益的体现，当收益时间受到限制时，总收益下降，成员出资意愿下降，尤其是长期投资（如品牌和声誉）等投入减少。

③ Portfolio Problem，该问题是指合作社成员也是独立的市场主体，在其农业生产过程中需要投入资本，若在合作社中再次投入资本，这两种投入具有很强的正相关性，不是降低和分散风险，而是提高了风险。即使合作社对成员出资给予等于机会成本的补偿，对成员来讲也不是最优投资组合。

制问题[1]、影响成本问题[2]和退出问题[3]（Jensen et al.，1979；Vitaliano，1983；Royer，1992，1999）。产权问题造成合作社治理低效率的具体表现为：一是较高的控制成本和较低的技术效率，成员缺乏长期投资激励，以及资源低效配置；二是随着社员数量增加，合作社控制成本趋高，且规模报酬递减（Porter and Scully，1987）。因此，合作社治理过程中的产权问题解决方案受到学术界重视。Harris、Stefanson 和 Fulton（1996）以美国新一代合作社产权制度为案例，研究发现通过封闭会员资格和销售协议[4]，可以解决"搭便车"问题，而且建立合作社股份交易市场，能够提高成员投资激励和改善资产组合。Nilsson（1997）认为，股份市场化可遏制"搭便车"行为，成员同质化可降低成员间的冲突与危险。Bekkum 和 Bijman（2006）发现，合作社管理结构和产权形式变化、股份市场化变革，并未改变合作社的基本性质。

国内学者认为，明晰的产权制度安排是合作社持续发展的基础，按照互助实现自助原则，理顺合作社产权关系的关键是投资主体人格化和农民社员产权主体化（苑鹏，2004）。傅晨（1999，2001）认为合理设置股权，确保产权的行使和转换经营机制，才能保证有效实施社区型股份合作制。

农民合作社治理结构包括广义治理结构和狭义治理结构。其中，广义治理结构关系到合作社产权关系及制度安排，具有不同

---

[1] Control Problem，根据合作社原则设置，合作社只能从内部筹集所有者资本，而不向社会公开，也就不能形成资本市场，从而产生资本来源受限的问题。

[2] Influence Cost Problem，也称为非市场资源配置问题，是指由于缺乏资本市场，合作社使用成员出资的成本偏低，有时甚至为零，合作社可能会过度使用成员出资，同时会错误估算生产成本，甚至会产生合作社金融诈骗等相关问题。

[3] Quit Problem，该问题是指成员退出后出资退回会影响合作社的资本稳定性及合作社正常运营，此外，成员退出只能获得出资账面价值，但运营较好的合作社的价值远高于其账面价值，因此成员有动机解散合作社，将合作社价值变现。

[4] 销售协议指在销售合作社中单个社员和合作社之间签订的契约，它具体规定了每个社员提供给合作社的商品的数量和质量。

属性和分类；狭义治理结构是指农民合作社内部的组织结构与运行机制。农业发达国家的合作社研究主要集中在广义治理结构方面（梁巧，2015）。Chadddad 和 Cook（2004）通过研究合作社产权关系的演变路径，认为合作组织的两种极端形态是传统合作社和投资导向企业（见图 1 - 1）。Nilsson（2001）根据成员作为合作社的惠顾者角色和投资者角色的认知差异，将合作社产权类型分为四种，即传统合作社、企业化合作社、衰退合作社和超合作社/非合作社。Bijman 等（2013）根据控制权在理事会成员和管理者间分配的情况，将合作社治理模式划分为传统型、管理型和公司型三种类型，其中传统型的理事会成员负责合作社的战略制定和经营管理，但专业经营管理人员能保证合作社战略决策更加科学，而理事会成员的角色由管理者转变为监督者；Chaddad 等（2013）根据合作社管理决策权和控制决策权的分配情况，将合作社治理模式划分为传统治理模式、延伸传统治理模式、公司治理模式。

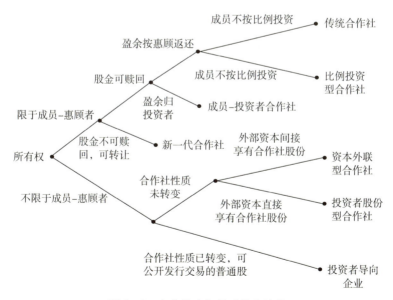

图 1 - 1　合作社产权关系演变路径

国内相关研究主要集中在狭义治理结构方面。吴彬和徐旭初（2013）将合作社治理结构划分为普通农民主导型、村庄能人主导型、企业主导型和相关组织主导型。黄祖辉、徐旭初（2006）和吴彬（2013）提出基于能力和关系的合作社治理结构，认为能力和关系对农民合作社治理结构具有独特作用，并提出投资者、惠顾者和控制者三种基本角色匹配度的合作社治理结构分析框架。傅晨（1999）从交易费用角度，分析社区型股份合作社治理结构，涉及组织框架、结构特征、激励和约束机制、委托代理关系及企业制度的性质。苑鹏（2007）从合作社产生的直接动因、组织目标、成员制度、所有权安排、治理结构、分配制度、经营战略、社会责任方面，研究合作社与股份公司间的区别与联系。

2. 交易费用视角

科斯（1937）运用交易费用理论阐释了企业的性质，突破古典经济学分析中企业的"黑箱"模式。根据交易成本分析范式，认为交易频率、不确定性以及资产专用性是交易存在成本差异的关键（Williamson，1985）。Williamson（1991a，1991b）将基本治理结构分为市场制、科层制和混合制三类。有许多学者认为合作社的组织形式，同时具备市场制和科层制治理结构特征，属于特殊混合形态的治理结构（Ménard，2007；Chaddad，2012）。

合作型组织包括合作社内部交易和合作社外部交易。合作社内部交易是合作社与社员之间的农业生产资料和农产品的交易；合作社外部交易是合作社与市场的交易（王丽佳，2013）。不完全契约易引发道德风险和逆向选择，导致较高的管理型交易成本，并成为制约合作社发展的重要因素（柳晓阳，2005），合作社作为市场与成员之间的纽带，在与市场交易过程中，合作社该如何降低市场型交易成本、保证成员利益最大化是其需要面对的重要问题。威廉姆森认为资产专用性是影响交易治理结构的关键因素，资产专用性越强，越容易导致"敲竹杠"的问题，从而导致专用性资产投资不足；交易频率越低，治理成本越高。在农业生产过程中一般都具有专用性，若企业违约或压低收购价格，农民则很难将农产品卖给别人，从而不得不将农产品以低价卖给企业。因此，合作社治理中的重要内容之一就是保护成员的专用性准租。

Bijman（2006）认为治理结构是交易执行过程中一系列公共和私有规则，并通过协调和保护两方面问题来影响交易效率。合作社协调方式及成本取决于资产专用性和衡量问题，而保护问题则取决于交易频率、交易不确定性及相互依赖性。Hendrikse 和 Veerman（2001a，2001b）从交易成本角度分析销售合作社的财务结构与成员控制需求间的关系，发现合作社的投资约束会随着资产专用性的增加而增加。当合作社农产品加工阶段的资产性比较低时，营销合作社的有效性提高，构建了财务约束条件下农民合作社最优治理结构决策的逻辑顺序。林坚和马彦丽（2006）的研究认为农民合作社是更有利于节约交易费用的制度安排，但却是高成本的组织。国鲁来（2001）认为，根据社员对组织收益需求的变化不断调整制度，是降低合作社组织成本和服务供给成本的有效途径，是保持合作社生命力的必要条件。

3. 委托 - 代理视角

委托 - 代理关系的存在是由于合作社所有权与控制权的分离，涉及信息成本、契约当事人间信息不对称性，以及权利剥夺、利益侵占、管理者的机会主义问题。成员联合是合作社运转的基础（Hakelius，1996），但由于内部存在代理关系，社员权益受到经理人和大股东的侵犯，成员间的异质性导致利益冲突（Il-iopoulos and Cook，1999；USDA，2002）。Spear（2004）认为，英国合作社普遍存在管理者控制问题，经理人与合作社外部利益相关者的联系较弱，合作社内部成员的参与程度较低，导致经理人的机会主义倾向及损害社员利益。

合作社成员对经理人监督的成本较高，不能保证经理人按照成员利益经营，导致经理人机会主义行为和较高的代理成本。合作社管理者行为不能通过市场价值反映而得到监督，惠顾者因合作社缺少二级市场而无法优化投资组合方案（Staatz，1987）。Royer（1999）也认为，合作社内缺乏股份交易市场及股权激励机制，可能产生严重委托 – 代理问题。原因是股份交易市场缺失，成员难以有效监督控制者和合理评价合作社价值。Cook（1994）通过合作社与 IOFs 在治理结构方面的比较研究，也得出类似的结论。但 Bontems 和 Fulton（2005）认为，合作社虽然在组织发展过程中不占优势，但与投资者所有的企业相比，在实现成员目标与减少寻租行为方面具有组织优势。

激励机制是委托 – 代理理论研究的重要问题。Eilers 和 Hanf（1999）认为，社员和经理人既是委托人也是代理人，并依此分析合作社内部的激励问题。Borgen（2004）以代理理论、产权理论为基础，分析合作社激励问题，发现存在两类激励问题。其中一类是与投资者有关的激励问题（investment-related incentive problems），包括公共产权问题（the common property problem）、视野问题（horizon problem）和投资问题（portfolio problem）；另一类是与决策者有关的激励问题（decision-related incentive problems），包括监督问题（monitoring problem）、跟从问题（follow-up problem）、影响成本问题（influence cost problem）和决策问题（decision problem）。同时发现，两类激励问题的存在是有条件的，只有当这些条件不能满足时，合作社才缺乏激励。张雪莲等（2011）的调查分析，合作社对社员的激励主要通过股息和惠顾返还实现，但对管理者的激励则主要来自外界的荣誉和政治地位、人力资本和社会资本。

委托 – 代理关系问题也是影响中国合作社规范治理的重要问题。黄胜忠（2007）从成员异质性角度，分析在少数核心社员构成理事会的背景下，普通社员与核心社员间的委托 – 代理关系普遍存在，而且表现出双重委托 – 代理关系特征，即全体成员与经

营者间的委托 – 代理关系、成员与核心成员间的委托 – 代理关系（马彦丽、孟彩英，2008）。谭智心和孔祥智（2011）认为改进合作社相关契约，可以避免经营者机会主义行为。孙亚范（2011）的实证分析表明，利益联结机制和治理结构制度缺陷，导致难以充分激励社员参与合作。可见，合作社的利益联结机制及利润分配是组织发展的重要因素（邓衡山等，2011；孙亚范，2008）。张雪莲和冯开文（2008）应用完全信息动态博弈模型研究发现，如果对合作社决策权进行分割，可保证合作社持续发展。陈俊梁和陈建荣（2010）认为设置独立监事制度，加强对掌握控制权的少数所有者的监督和制衡，可减少合作社内部人的控制问题、维护多数社员利益。

4. 契约经济视角

20 世纪 80 年代、90 年代后期的主流观点认为合作社是契约关系组织，涉及合作社内部股东社员间、合作社与市场交易关系间的契约关系。Zusman（1992）构建了合作社的集体选择模型，研究阐释合作社在信息不完全、有限理性情境中如何制定和选择集体规则，从而保证交易成本最小化。Hendrikse 和 Veerman（2001a，2001b）运用三阶段模型，分析营销合作社（MC）与传统企业（CF）在组织治理和财务治理中的交易成本差异，并设计出合理的治理结构（即最能使成员投资受益）和投资决策的选择；运用三阶段非合作社博弈模型，分析合作社治理过程中的"敲竹杠"问题、治理结构选择与投资问题，以及治理有效性问题，并通过营销合作社与传统企业的对比分析，设计出投资受益最大的治理结构。Hendrikse 和 Bijman（2002）拓展了农业生产者在合作社中的治理结构选择，并运用不完全契约模型，分析三层农产品供应链中的投资决策机理。冯开文（1999）以中国农业合作制度变迁为案例，分析实现合作制度变迁的最佳状态，揭示了诱致性变迁（创新）和强制性变迁（创新）协调的机理。李尚勇（2011）认为，合作社有效的制度安排与契约关系，需要实行利益分享、有限积累、限制股金分红、限制大股东、"一人一票"民主管理制度。

（三）成员视角的合作社治理研究

成员是合作社存在的基础和治理载体，成员异质性、参与行为及退出行为，对合作社治理结构及其民主管理具有重要影响。

1. 成员异质性与合作社治理

根据公认的合作社原则，合作社是全体社员共同所有，但组织内部的理事会、监事会、经理人，以及核心社员与普通社员的利益诉求不同。成员在生产规模、风险偏好和未来收益折现等方面的不同，导致其存在利益冲突（Condon，1987）。邵科和徐旭初（2013）指出，成员主要在业务、资本和管理三个维度参与合作，成员不同程度的业务、资本和管理的参与行为会形成异化的合作社惠顾、产权和治理结构，因而规范发展合作社，需鼓励成员三个维度的参与行为。合作社的基本特征在于成员资源禀赋、利益偏好和角色作用方面的异质性，从而导致产权结构、控制权、利益分配方面存在诸多问题（黄胜忠、徐旭初，2008）。成员异质性主要表现在成员间的利益诉求差异，其中以成员入股额度为参考变量的异质性，对合作社治理结构影响显著（邵科、徐旭初，2008）。

20 世纪 80 年代以来，合作社发展总体上背离了基本原则而成为异化经济组织，参与主体的资源禀赋、参与目的、角色差异，导致成员异质性放大。林坚和黄胜忠（2007）认为少数核心社员拥有合作社主要剩余索取权和剩余控制权，在集聚生产要素、避免代理问题方面具有优势。应瑞瑶（2002）则认为，合作社和其成员异化与制度环境、要素价格有直接关系，需要矫正才能保证合作社兼顾效率与公平。合作社在内部市场交易环境中要为成员服务，在外部市场交易环境中要盈利，在合作社治理过程中易出现核心成员侵占普通成员利益的问题，导致合作社异化

（李玉勤，2008）。但成员结构异质性对合作社治理的影响方向、影响程度，有待进一步的分析和测定。

2. 成员入社、退社行为与合作社治理

成员加入或退出合作社是合作社治理的重要内容。赫希曼（2001）系统分析了退出权、投票和异议在组织治理中的作用。Helmberger（1964）分析合作社产生的原因及合作社吸引成员加入的有序运行和规范治理结构，发现当成员从合作社获得的净收益较高时则会选择与合作社进行交易，否则会退出合作社。Rhodes（1983）发现利益分配机制，即净经济收益或惠顾返还是影响农户加入或退出合作社的重要因素。徐旭初（2005：137~138）认为退出权、投票和异议是合作社成员（委托人）控制经营管理层（代理人）的主要方式。林毅夫（1992）在《集体化与中国1959-1961年的农业危机》中对我国农业经济合作组织的制度变迁问题和合作社治理问题进行了深入研究，他认为在农业生产监督困难的情况下，合作社是依靠成员"自我实施"协议实现的，而这种协议需在重复博弈前提下才能维持，而1958年的公社化运动剥夺了社员退社自由权，使重复博弈变成一次性博弈，导致"自我实施"协议无法维持，劳动生产率下降，造成了这场危机。蔡昉（1999）认为农民为获得某种利益而采取彼此接受的集体行动，以保持退出权的方式使每位成员获益。而董晓媛和Dow（2000）则认为，相对于成员可自由退出策略，限制成员自由退出的策略更加有效。罗必良（2007）认为进入威胁和退出威胁行为是促进合作发展的重要保障。随着市场经济环境变迁，合作社资本化、股份化趋势越发明显，而退出权作为一种约束行为可保障核心成员和普通成员间形成较为有效的合作（崔宝玉、李晓明，2008；崔宝玉等，2008）。成员在合作社获得的、能够感知的收益，民主参与治理的程度，对管理人员的信任关系，对成员退出合作社意愿具有显著影响（孙亚范，2010）。

（四）合作社治理与绩效研究

1. 合作社治理效率

合作社的经营宗旨应该具有社会公平与经济效率双重目标（林坚、王宁，2002），合作社效率包括投入产出效率（即内部效率）和合作社对社会总福利的贡献度（即外部效率）。因此，合作社效率既取决于内部治理，也取决于内部治理与外部环境的协调（黄祖辉、扶玉枝，2012）。

在效率测定和衡量方面，黄祖辉等（2011）运用 Bootstrap - DEA 模型，测量合作社在规模报酬不变情况下的技术效率、可变情况下的纯技术效率和规模效率，发现负责人才能和成员人力资本状况是提高合作社效率的关键因素；技术创新和制度创新是农民合作社持续发展的源泉；产品技术创新、盈余分配制度创新和兼有这两种的创新等，对营销合作社技术效率会产生不同影响，根据产品特征进行产品技术创新和多种盈余分配方式是营销合作社提高效率和增强竞争力的最佳模式（黄祖辉、扶玉枝，2012）。扶玉枝和徐旭初（2013）运用 Bootstrap Malmquist 指数方法，测算典型营销合作社的全要素生产率增长及其分解指数。

2. 合作社治理绩效

现有合作社绩效评价文献中，基本思路是通过构建多指标评价体系，利用层次分析法、因子分析法或主成分分析法进行合作社绩效评价，并分析影响合作社治理绩效的相关因素，包括内部治理因素和环境因素。徐旭初（2009）的研究发现，农民合作社治理机制能否有效实施和运行是评价合作社绩效的重要方面。徐旭初和吴彬（2010）同时认为，合作社股权结构、牵头人情况和理事会结构是影响合作社绩效的重要方面。孙亚范和余海鹏（2012）利用结构方程模型，分析合作社产权安排、治理结构和利益分配机制对成员合作行为和组织绩效的影响，发现组织层面的产权制度和治理结构对成员合作行为与组织绩效有显著正向影响；成员层面的成员惠顾、投资和参与管理方面的行为及合作社负责人行为，对合作社组织绩效具有重要影响。

（五）合作社治理环境研究

制度环境、市场环境和政策环境在农民合作社治理过程中具有重要影响（周应恒、胡凌啸，2016）。

1. 制度环境

中国农民合作社的成立和发展既不是单纯政府推动的强制性制度变迁，也不是单纯农民在逐利动机驱使下自发行动的诱致性制度变迁，而是介于两者之间的政府主导下的内生需求诱导性制度变迁（徐旭初，2005：95），因而制度环境对农民合作社治理和运行过程至关重要，包括正式制度环境和非正式制度环境。

正式制度环境主要包括基本经济制度、市场经济制度和农村基本经营制度（乔俊国，2009）。根据《宪法》第一章第八条规定，农民合作社属于合作经济范畴；随着市场化进程和农业结构性改革，农民合作社作为弱势群体的经济组织提高了农民的组织化程度和参与市场竞争的谈判能力；以家庭承包经营为基础，统分结合的双层经营体制是合作社组建和治理的前提和基础。

非正式制度环境主要包括信任和文化等社会环境。我国农民合作社主要是基于村庄或附近村庄基础上组建的，成员之间彼此熟悉，可相互监督，从而对核心成员和管理人员形成较强的道德约束，降低合作社管理型交易成本。柳晓阳（2005）认为基于信任的治理方式在合作社规模较小、成员关系紧密的发展初期与效益良好时期，可降低交易和管理成本，减少道德风险、逆向选择和内部人控制问题。构建合作信誉与合作机制有助于交易稳定和组织完善，可降低合作社治理不确定性和经理人机会主义倾向（周立群、曹利群，2001）。黄祖辉和徐旭初（2006）提出基于能力和关系的治理结构，可形成对核心成员控制的有效约束。文化则以知识、惯例和习俗等潜移默化地影响合作社治理过程（徐旭初，2005：96）。

2. 市场环境

在合作社治理实践中，我国东部地区市场环境优于中西部地区，东部地区合作社发展也是优于中西部地区。在国际上，中国市场经济环境尚处于转型过程中，合作社发展也不及农业发达国家。农村合作组织是市场经济发展的产物，也是推进农业市场进程的有效途径（苑鹏，2001）。换言之，良好的市场竞争环境和经济环境是农民合作社发展的基本条件，从而正向激励合作社治理。Egerstrom（2004）的研究表明，合作社在参与市场竞争的过程中，要受到行业内竞争对手、上游供应商、下游购买者、潜在进入者和替代品的影响。

3. 政策环境

在中国经济转型过程中，农民合作社与政府间存在不对称的相互赋权关系，政府拥有较大干预优势和作用空间。徐旭初（2014）从赋权视角，分析合作社发展过程中政府行为的动因、维度、作用机制及其赋权行为特征。苑鹏（2007）分析了美国合作社发展的政策支持，包括合作社立法、税收优惠、资金支持、技术援助、合作社研究、教育和信息、统计分析等，并提出政府支持合作社发展的建议。

发达国家合作社过程经历了政府从无为到干预再到服务的演变过程，政府扶持重点是为其独立、自主发展营造良好的市场竞争环境，而不是强制性行政干预（苑鹏，2009）。国鲁来（2006）分析其他国家农业合作组织政策支持的成功经验和失败教训，建议我国应该出台符合农民合作社发展的相关政策，从而降低政策支持成本，改善我国农民合作社治理的环境。在经济全球化和自由化背景下，改善合作社外部经营环境是其应对外部挑战的有效途径，而核心就是建立有利于合作社发展的法律和政策框架（苑鹏，2002）。

（六）文献评价

综上所述，农民合作社治理理论发展经历了三个阶段：第一阶段是早期合作社理论，其特点是注重合作社整体发展及其存在的合理性，但未延伸到合作社内部治理方面。第二阶段是合作社治理理论，以新古典经济学理论为基础得到发展。其中代表性理论包括：一是认为合作社是农场的延伸、独立的企业及成员联盟；二是将合作社作为 IOFs 变体，注重研究合作社治理的纯理论模型，而忽略合作社内外部环境和制度因素影响。第三阶段是以科斯经济学的诞生为标志，注重采用新制度经济学理论，研究合作社治理过程及制度安排。

从合作社理论研究演变趋势看，合作社研究已经从其形成发展阶段研究，转向对合作社的制度解析和治理结构剖析阶段。在国际经济环境和涉农公司挑战凸显的背景下，农民合作社面临治理结构选择、理事会主体地位、社员利益冲突及其异质性、激励与约束机制设计、利益分配结构优化、代理人主导等治理问题，这些问题成为农业经济学界研究的重点领域。在研究内容方面，国内外研究转向探析农民合作社的制度安排及其治理领域，包括农民合作社是不是具有效率的经济组织，以及外部治理环境、法人治理结构、治理行为及治理绩效。形成具有重要学术价值的研究思路、合作社治理结构及治理绩效研究理论；形成基于不同发展情境的合作社治理结构及治理绩效研究方法，包括成本效益模型、决策模型、博弈论模型等。

近年来，政府重视促进合作社发展，但忽视合作社治理问题，导致存在普遍的伪合作社问题。学术界关注合作社治理结构及治理绩效问题，但存在值得深化研究的问题与领域：①农民合作社治理理论缺乏完整性、系统性和针对性。有学者（张满林，2007；袁久和，2013）构建了基于治理结构和治理机制的合作社治理理论框架，但并未在此基础上对合作社治理绩效进行评价。

扶玉枝（2012）仅对合作社治理效率及其影响因素进行了深入的分析与阐释，但合作社是兼顾效率与公平的互助性经济组织，仅仅分析效率问题并不能全面评价合作社治理水平。合作社运行与治理过程以成员大会、理事会、监事会和经理人（理事长）等利益相关者构成的治理结构为基础，通过设计合理的治理行为及其影响机理，促进合作社规范治理，提高合作社治理绩效。农民合作社作为介于非营利组织和投资者所有企业（IOFs）之间，成员联合所有、民主管理、成员受益的特殊市场经济组织，不能直接套用公司治理理论，而应该着眼规模集成功能，技术集成及服务功能，知识及技术集成共享功能，市场信息集合及披露功能，作业、营销整合功能，能力互补功能，产业开发功能，诚信及信用培育功能，担保及中介功能，以及政府农业政策实施的承载功能（霍学喜，2009），探索完善我国农民合作社治理的理论体系。②对农业合作社治理结构、治理行为和治理绩效的概念界定，尚未形成统一共识。有学者认为"治理结构"概念等同于"治理"概念（徐旭初，2005；OECD，2015），即合作社治理结构是对合作社所有者、控制者和惠顾者等各相关利益主体权利、责任和利益的系统制度安排，合作社治理绩效不同于其经营绩效，应根据治理结构和治理行为方面的指标评价合作社治理绩效。本书认为合作社治理结构是一套由成员大会、理事会、监事会和经理人（理事长）等利益相关者组成的机构设置，治理行为是在此治理结构设置基础上的系统制度安排。③对农民合作社治理结构、治理行为和治理绩效的理论研究有待完善，特别是基于合作经济理论支撑、中国农业合作经济发展阶段性特征和中国《合作社法》规制标准的合作社治理理论创新研究有待加强。④针对农民合作社的经济组织属性及合作治理特征，围绕合作社作为独特市场经济组织的治理结构和治理绩效、合作社带动农户发展的治理结构和治理绩效，创新农民合作社的治理理论和方法亟待完善。⑤案例分析是农业合作社治理研究的重要方法，但有些案例分析仅是就案例说案例，而不能从案例中提炼出合作社治理理论，并通过案例分析阐述何种治理结构模式是有效的以及不同合作社治理结构模式存在差异性的原因，从而难以对合作社治理结构设计进行优化。⑥合作社治理绩效是以治理结构和治理行为主要方面的合作社治理水平高低的表现，其内涵不同于合作社经营绩效，因此，需通过规范的治理结构和合理的治理行为对农民合作社治理绩效进行理论层面的规范分析和实践层面的实证检验。

四　技术路线与研究方法

（一）技术路线

本书以苹果合作社为例，遵循规范分析与实证分析相结合的研究思路，在综合国内外研究成果和实地调研的基础上提出研究命题。首先，在合作社治理和苹果合作社治理的内涵、外延、属性及其分类分析的基础上，定义苹果合作社治理结构、治理行为和治理绩效，构建苹果合作社治理的理论框架；其次，基于苹果合作社治理状况、问题及成因，遵循"治理结构－治理行为－治理绩效"研究范式，分析苹果合作社治理结构模式和治理行为，选择和设计苹果合作社治理绩效评价方法、评价指标，并进行分析与评价，测度影响苹果合作社治理绩效的因素；最后，在理论和实证研究的基础上，采用比照分析方法，凝练本书主要研究结论，提出优化农民合作社治理的对策与建议。

本书研究技术路线如图1－2所示。

（二）研究方法

本文以渤海湾、黄土高原苹果优势区的苹果合作社为例，围绕我国农民合作社治理中存在的问题，以合作经济理论和合作社治理文献综述与评价结论为基础，综合运用规范分析、描述性统

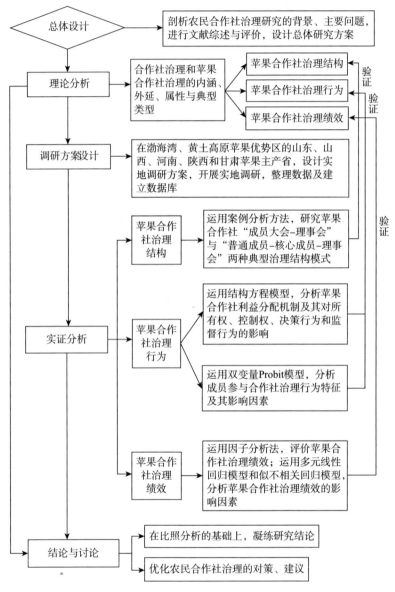

图 1 - 2 本书技术路线

计分析、实证分析方法，开展研究。

具体研究方法设计如下。

1. 规范分析法

以合作经济理论为指导，运用规范分析法，界定苹果合作社、合作社治理和苹果合作社治理等概念的内涵、外延、属性与分类；分析苹果合作社治理结构、治理行为与治理绩效机理，构建苹果合作社治理理论分析体系，为本书的研究奠定理论基础，并根据上述分析提出研究假设。

2. 描述性统计分析法

运用描述性统计分析方法对苹果主产区苹果合作社的治理情况进行描述性统计分析，通过对其外部治理环境、治理结构、治理行为和治理绩效各项指标进行统计分析，整体把握合作社运行与治理情况，总结苹果合作社的治理状况、存在的问题及成因，通过分析发现合作社治理主要存在产权制度设计不合理、成员异质性、法律及政策规制不完善、市场缺乏有效性等问题。主要分析方法包括：描述性统计量（集中趋势与离散趋势）分析、频数分布分析等。

3. 实证分析法

案例分析法：通过两个典型案例分析"成员大会－理事会"与"普通成员－核心成员－理事会"两种治理结构模式的治理机构设置、权利配置与制衡及其具体制度安排，比较两种治理结构模式的不同之处，为优化合作社治理结构提供理论依据。

经济计量分析法：运用结构方程模型估计利益分配行为对苹果合作社决策行为、监督行为、所有权结构及控制权结构的影响方向和程度；运用双变量 Probit 模型分析苹果合作社成员参与治理行为及其影响因素；运用因子分析法构建苹果合作社治理绩效评价指标体系并进行测度，在此基础上运用多元线性回归模型和似不相关回归模型分析苹果合作社治理绩效的影响因素。

五 问卷设计与数据来源

（一）问卷设计方案

基于国内外相关文献研究并结合中国苹果产业发展状况设计了关于苹果合作社治理状况的调查问卷。为保证数据质量，在完成问卷设计后，组织调查组于 2014 年 5 月、2015 年 6 月分别在陕西白水、宜川、乾县和千阳进行多次预调研，在此基础上对问卷进行修改和完善，使问卷问项表述清晰，通俗易懂。

问卷内容主要包括合作社和果农两个层面。合作社层面问卷主要包括合作社基本情况、理事长基本情况、合作社治理结构、合作社治理行为、合作社收支与经营情况以及合作社外部治理环境情况等。果农层面问卷主要包括果农基本情况、苹果种植情况以及参与合作社情况等。具体苹果合作社治理问题问卷设计见附录。

（二）数据来源

本书的研究数据是国家现代苹果产业技术体系产业经济研究室在山东、河南、山西、陕西、甘肃等苹果适生区实地调查所得。数据包括两部分。

第一部分数据来源情况如下：2015 年 6 月中旬，笔者在陕西乾县和千阳两县选择 3 家苹果种植户合作社进行预调查，并对问卷进行修改和完善；2015 年 7～9 月，组织以研究生为主的调研团队在山东、山西和陕西三省选取 11 个苹果主产县级（市、区），然后在每个县级（市、区）以典型抽样调查的方式选取 8～11 个苹果合作社，采用与合作社理事长面对面访谈并填写问卷的调查方式，最终获得 102 份苹果合作社问卷，剔除变量缺失问卷，最终获得苹果合作社有效问卷 101 份，问卷有效率 99.02%。数据统计特征在后续章节详细描述。样本合作社区域分布与结构如表 1 - 2 所示。

表 1 - 2　样本合作社区域分布与结构

单位：个，%

省份	县（区、市）	样本数	占比	省份	县（区、市）	样本数	占比
山东	沂源县	11	10.89	陕西	宝塔区	9	8.91
	蒙阴县	11	10.89		洛川县	8	7.92
	牟平市	8	7.92		富县	9	8.91
	蓬莱市	10	9.90		宜川县	8	7.92
山西	万荣县	10	9.90		白水县	8	7.92
	临猗县	9	8.91	共计	11	101	100

第二部分数据来源如下：2014 年 5 月中旬，笔者在陕西白水和宜川两个县共选择 3 家合作社和 50 个合作社成员进行预调研，并对问卷进行修改和完善；2014 年 6～8 月，组织以研究生为主的调研团队在山东、河南、陕西和甘肃四省选取 12 个苹果主产县（市、区），然后在县级（市、区）以典型抽样调查的方式选定 25 个合作社样本，在每个合作社选取 5～10 个农户成员，采用与农户面对面访谈并填写问卷的调查方式，最终完成 25 份合作社问卷，307 份农户成员问卷，剔除变量缺失问卷，最终获得合作社有效问卷 24 份，成员有效问卷 273 份，问卷有效率分别为 96.00% 和 88.93%。样本区域分布如表 1 - 3 所示。样本中男女成员分别占比 98.90% 和 1.10%；农户成员样本年龄多集中在 41～60 岁，占比 69.60%；农户成员多为村干部、苹果经纪人或合作社干部，占比分别为 23.81%、18.32% 和 19.05%。

表 1 - 3　样本区域分布情况

单位：个，%

省份	山东	河南	陕西	甘肃	共计
成员样本数	83	34	116	40	273
比例	30.40	12.45	42.49	14.65	100.00

六　研究内容

（一）　苹果合作社治理理论分析

本书以合作社经济理论为指导，以苹果合作社为案例，以苹果合作社治理结构、治理行为和治理绩效为研究对象，厘清苹果合作社治理的属性特征及其作用激励；对合作社、合作社治理和苹果合作社治理进行概念分析，探讨苹果合作社治理内涵、外延、属性及其分类，并分析苹果合作社治理结构、治理行为和治理绩效，构建苹果合作社治理的理论分析框架；运用规范分析方法得出本书的研究结论，即有待验证的研究假设。[①]

（二）　苹果合作社治理实证分析

本书通过借鉴国内外农业合作经济理论等前沿研究，以我国苹果优势产区苹果合作社为案例分析苹果合作社治理结构、治理行为及治理绩效。

（1）以合作社治理结构中的相关行为主体为基础，遵循委托代理理论分析范式，以实地调研数据及案例为依据，形成"成员大会－理事会"和"普通成员－核心成员－理事会"两种典型的合作社治理结构模式。以苹果合作社为案例，解析两种治理结构模式的运行过程、比较分析其治理结构状况。

（2）在对苹果合作社利益分配行为、所有权结构、控制权结构、决策行为和监督行为定义的基础上，采用结构方程模型分析利益分配行为对苹果合作社所有权、控制权结构以及决策、监督

---

① 本书是冯娟娟与导师霍学喜共同完成的研究成果。霍学喜教授为本书稿的形成制定了完整的分析框架，并提供了扎实的理论基础，主要负责撰写第一章的内容。冯娟娟在本书稿形成过程中做了详细的组织策划与分析研究等工作，主要负责撰写第二章、第三章、第四章、第五章、第六章、第七章和第八章的内容，并对本书做了最后的统筹、修改、审核和定稿工作。

行为的影响机理。

（3）基于计划行为理论构建成员参与合作社治理行为的分析框架，采用双变量 Probit 模型从成员参与行为特征、成员收益变化、成员与合作社信任关系和成员家庭经营特征与个人特征等方面探讨影响成员参与合作社治理行为的因素。

（4）在合作社治理绩效定义的基础上，运用因子分析法测度合作社治理绩效指数，并运用多元线性回归模型和似不相关回归模型分析合作社治理绩效的影响因素。

（三）优化农民合作社治理的建议

本书在以上理论分析与实证分析的基础上，探讨法规政策、合作社及其成员该如何促进合作社规范治理与持续发展。主要包括：一是建立完善的合作社治理结构，规范成员大会、理事会、监事会、经理人（理事长）的权利义务关系及利益制衡机制；二是设计合理的合作社治理行为，限制成员"搭便车"行为和管理人员机会主义倾向，通过合适的激励约束机制促使核心成员兼顾普通成员利益，保证公平的利益分配方式与成员利益最大化，提高合作社治理效率，改进合作社治理绩效；三是政府相关部门及地方各级政府加大对苹果合作社的扶持力度，为合作社治理提供财政、税收和金融等方面的政策支持，完善有关法律法规，为苹果合作社的持续发展营造有效的市场环境。

综上所述，合作社规范化治理需要合作社适应外部环境变化，因地制宜地发展，也需要一套具体的内部治理结构及利益分配、决策行为、激励约束和社员入社退社等相应的治理行为。内部治理结构明确合作社参与者的责任和权利分布，治理行为则是保护利益相关者利益不受侵占的一套制度安排与行动方式，通过设计合理的治理结构，执行有效的治理行为，促进合作社规范化治理，从而达到改进合作社治理绩效的目的。

七　本书的创新之处

根据目前所掌握的国内外研究成果，理论创新实非易事。本书从研究思路、研究方法和研究结论三个方面对创新点进行凝练。

（一）研究思路的创新

以合作经济理论为指导，构建适合中国农民合作社治理的理论分析体系。基于"结构－行为－绩效"的研究范式分析苹果合作社不同治理结构模式的差异及治理结构模式的有效性问题，探究苹果合作社治理行为及其影响因素，在上述研究基础上评价苹果合作社治理绩效并分析其影响因素。一方面，探索农民合作社因地制宜地发展模式；另一方面，评价农民合作社治理绩效，初步探索农民合作社规范化发展的路径与模式。

（二）研究方法的创新

在利用描述性统计分析对苹果合作社治理状况、问题和成因分析的基础上，运用比较分析方法结合案例分析苹果合作社不同治理结构模式的运行过程及有效性问题；运用结构方程模型和双变量 Probit 模型分析苹果合作社治理行为特征，特别是成员参与合作社的治理行为及其影响因素；运用因子分析法构建苹果合作社治理绩效指标评价体系，在此基础上运用多元线性回归模型和似不相关模型分析苹果合作社治理绩效的影响因素。本书在研究方法方面拓展了案例与微观计量经济模型在组织治理领域的应用，扩大了微观计量经济学的应用范围。

（三）研究结论的创新

本书在理论分析基础上分别按照控制者角色、主营业务类型和运行模式将苹果合作社进行分类，按照控制者角色不同可将合作社划分为政府主导型、企业主导型和能人带动型；按照主营业务类型不同可将合作社划分为生产型合作社、营销型合作社、技术服务型合作社和综合型合作社；按照运行模式不同可将合作社划分为"合作社 + 农户"、"合作社 + 基地 + 农户"、"（企业 + 合作社）+ 农户"、"（企业 + 合作社 + 基地）+ 农户"和"企业 +（合作社 + 基地 + 农户）"。在成员异质性假设的前提下，由于成员资源禀赋与股权结构存在差异，全体成员分化为核心成员与普通成员，两类成员在合作社治理参与程度、参与合作社治理的利益诉求等方面显著不同。

通过构建两种典型苹果合作社治理结构模式，可知相比"普通成员 – 核心成员 – 理事会"治理结构模式而言，"成员大会 – 理事会"治理结构模式的成员参与程度更高，而且在管理型和市场型交易成本的节约方面具有优势，主要原因在于成员的行为动机与利益诉求不同、委托代理关系的复杂程度不同、成员的信息掌握程度不同以及市场型交易成本不同等方面。合作社利益分配行为是其治理行为的核心与关键，通过分析发现利益分配行为对其决策行为、监督行为、所有权结构和控制权结构具有显著影响。此外，本书通过治理结构、治理行为、组织规模和外部环境四个方面评价合作社治理绩效，研究发现，苹果合作社治理绩效水平普遍偏低，主要受决策、监督、激励、成员入社和退社及合作社发展程度等方面的影响。

▶ 第二章
苹果合作社治理理论分析

本章以组织治理理论和合作经济理论作为合作社治理问题的直接理论来源，在新古典经济学和新制度经济学的基础上分析合作社治理起因及其理论基础，界定合作社、合作社治理与苹果合作社治理的内涵、外延、属性及其分类，基于"结构－行为－绩效"的分析范式，分析苹果合作社治理结构、治理行为及其治理绩效，构建苹果合作社治理理论分析框架，为后续实证研究奠定理论基础。

一　合作社治理及其理论基础

（一）合作社属性及其治理

1. 公司治理及委托－代理关系

在公司治理过程中，代理问题是由于委托人与代理人具有不完全一致的目标函数，在信息不对称与不确定的情况下，代理人为了自身利益可能会偏离委托人的目标函数而做出有损于委托人利益的行为，而委托人难以对其进行监督，由此给委托人带来的利益损失被称为代理成本。代理成本包括委托人的监督成本、代理人的自我约束成本和残余损耗（Jensen and Meckling，1976）。代理成本的高低取决于所有权与控制权的分离程度以及公司代理层级的多少和代理范围的大小。由此可知产生代理问题的直接原因来自所有权与控制权的分离，其根本原因是信息不对称、不确定性和有限理性以及契约的不完备性。

从委托人的角度而言，首先，由于股东缺乏相关知识和经验，难以对经营者进行监督；其次，对每位股东而言，他要独自承担监督经营者所带来的成本，而监督经营者所带来的收益却由全部股东共享，监督者只按他所持有的股份份额享受收益，使得监督成本大于监督收益，因此股东特别是中小股东有"搭便车"行为的倾向；最后，委托人设计的激励机制和契约安排是不完备的，在复杂不可预测的环境中，委托人不可能预测所有未来发生的事情，从而写入契约，即使能够做到，也很难用语言文字清楚地描述于契约中。从代理人角度而言，一方面，代理人对自己的努力具有私人信息，在经济人假设的前提下，代理人（经营者）可能以损害股东利益为代价而追求个人目标；另一方面，由于未来环境的不确定性和未知性，人们对事物认识有限，代理人无法准确预知未来环境变化进而采取正确行动，会导致计划与实际存在偏差，经营业绩也未必能真实反映代理人的努力情况。

现代公司可将分散资本集中，聘用具有专业知识的职业经理人对公司进行经营管理。所有权和经营权分离使公司集聚充裕资本，从而在项目投资和生产经营过程中实现规模化和专业化。在公司运行过程中，所有者将公司经营权赋予职业经理人，从而产生经济意义的委托－代理关系。作为代理人的职业经理人职责是通过对公司的经营管理增加股东财富，其目标是利用自身人力资本为股东创造价值的同时获取报酬，实现自我价值，但作为理性经济人的经理人有时会以损害股东财富为代价制定经营管理决策从而实现自身利益最大化，即产生"亚当·斯密困境"。① 作为代理人的股东期望职业经理人努力工作以实现其财富最大化目标，

---

① 股份公司的经理人在使用别人的资源时，不要期望会像私人公司合伙人那样警觉地去管理企业。引自亚当·斯密《国富论》。

因此会设计有效的激励约束机制明确指出经理人在所有可能的情况下应该采取的特定行为，从而防止经理人出现机会主义倾向。然而在信息不完全和信息不对称的情况下，经理人比股东更了解公司的经营状况，因此经理人很有可能做出偏离股东财富最大化的决策而使自身利益最大化，此时股东就需要承担由经理人最大化自身利益所引致的代理成本。

在代理人努力程度方面，经理人拥有的公司股份越少，其偷懒的动机越大（Jensen and Meckling，1976；Rosenstein and Wyatt，1994）。在经理人任期方面，当经理人接近退休时，其任期有限性与股东持股期无限性（如不将股票抛出的话）之间的矛盾所带来的代理问题将变得更加严重（Dechow and Sloan，1991；Murphy and Zimmerman，1993）。在风险偏好方面，经理人处境更接近于债权人，当公司陷入财务危机时，他们会失去更多，但当公司收益上升时，获得的利益却很少。因此相对于股东而言，他们具有更小的风险偏好性，经理人会利用公司的投资与财务政策减少公司所面临的全部风险（Jensen and Murphy，1990；Murphy，1985；Jensen，1986）。

2. 合作社治理及委托－代理关系

合作社是一种服务的使用者拥有、服务的使用者控制、服务的使用者受益的法人组织，即按照使用者拥有、使用者控制、使用者受益的组织形式，将弱势群体组织起来，改进成员的生产经营环境，并根据合作社成员的"使用"情况向成员提供种种"好处"，因此合作社是所有者、控制者和惠顾者统一的特殊类型的企业。合作社内部的治理原则是为成员服务，在合作社的外部治理环境中，要促进合作社利益最大化，从而更好为成员服务，因此合作社治理核心是为成员服务，促进成员收益最大化。合作社是"人的联合"而不是"资本联合"的经济组织，规范化治理过程与制度安排是合作社有效运行和持续发展的基础和保障。

合作社作为农村社会组织的一种类型，其生命周期可分为诞

生期、发展期、成熟期和分化期四个阶段（赵晓峰、刘涛，
2012）。在合作社诞生期和发展期，组织规模较小，成员直接参
与合作社治理可降低合作社管理型交易成本，随着合作社由发展
期向成熟期过渡，其规模逐渐扩大，所有成员参与合作社决策制
定和经营管理是难以实现的。首先，经营管理水平对合作社规范
治理和持续发展具有重要作用。在加强成员监督的基础上，可通
过在合作社中选出具有企业家精神的成员以及聘请职业经理人对
合作社进行规范治理和有效管理，从而产生委托－代理关系。其
次，在目前以小农为主的农业生产经营制度下，合作社成员具有
显著异质性。不同成员在资源禀赋、社会关系、利益诉求以及参
与角色方面具有显著差异，作为合作社所有者的全体成员特别是
普通成员不能在合作社所有问题上进行决策，就委托理事会成员
对合作社进行治理和经营管理，从而使合作社的所有权与控制权
分离。最后，合作社剩余索取权与剩余控制权被限定在组织内
部，不可市场化流通，加剧合作社代理问题（Vitaliano，1983）。
在合作社"成员大会－理事会－经理人①"的委托代理关系链条
中，一方面，由于合作社治理实践中的股权结构差异，合作社成
员分化为普通成员与核心成员，从而产生"普通成员－核心成
员"的委托代理关系，延伸了上述链条，加剧了代理问题；另一
方面，在上述委托代理关系中，合作社剩余索取权与剩余控制权
分离，所有者和惠顾者拥有合作社的剩余索取权，控制者拥有合
作社的剩余控制权，产生显著代理问题。

综上所述，所有权与控制权分离是产生农民合作社治理问题
的根源。当所有者（委托人）财富最大化目标需要通过控制者
（代理人）的治理行为来实现时，则产生代理问题，为使代理人
行为符合委托人期望目标，则需设计激励约束机制限制代理人的
治理行为（Ferrier and Porter，1991）。

_____

① 根据实地调研发现，经理人通常由合作社理事长兼任。

（二）合作社治理理论

组织治理的基本问题就是如何使组织管理者在利用股东提供的资产发挥资产用途的同时，承担起对股东的责任。从更广义的层面来说，组织治理包含一系列规则、关系、制度和程序。对组织治理发展具有重要影响的理论主要包括委托代理理论、利益相关者理论、交易成本理论和企业产权理论。

1. 委托代理理论（Principle Agent Theory）

在伯利和米恩斯的所有权与控制权分离理论以及科斯的交易成本理论基础上，委托代理理论的核心问题是在利益冲突和信息不对称的情况下，委托人如何设计最优契约激励代理人（Jensen and Meckling，1976）。

委托人与代理人的利益诉求与预期目标不同，导致两者的效用函数不同，在"经济人"假设的前提下，委托人追求财富最大化，代理人追求自我价值最大化，导致两者利益冲突，因此委托代理关系产生两类问题，一是如何授权使决策更有效率，二是如何监督和激励使代理人利益与公司利益或股东利益最大化相一致并且最大化。

在现代公司中，公司由三类不同利益者组成：股东（即公司所有者）、董事会成员、公司高层管理者（斯蒂芬·A. 罗斯等，2012）。由于股权分散，股东一般授权给董事会行使决策权，形成以股东大会为委托人、董事会和董事为代理人的委托 – 代理关系；董事会选举高层管理者进行日常经营管理，形成董事会为委托人、经理层为代理人的委托 – 代理关系。此外，委托人内部利益不一致，如大股东或机构投资者倾向于长期投资，而一些中小股东更注重公司股票在股市中的表现，从而进行短期套利行为，导致代理人在经营管理中很难平衡，且可利用委托人之间的利益不一致从而选择对自己最有利的行为，此外还易产生"隧道效应"[①]，因此委托代理关系更加复杂。冯根福（2004）针对以股权相对集中的上市公司实际情况，构建了"控股股东或大股东与经营者"和"中小股东与大股东"双重委托代理理论。该理论解释力更强，更有利于实现降低公司双重代理成本和全体股东利益最大化。

2. 利益相关者理论（Stakeholder Theory）

20 世纪 60 年代斯坦福大学研究所（Stanford Research Institute，SRI）提出利益相关者概念，即利益相关者是那些没有其支持，组织就不可能生存的团体。这一概念使学者认识到企业并非仅为股东服务，在企业周围还存在诸多与企业生存和发展密切相关的其他利益群体。弗里曼（Freeman）为利益相关者理论发展做出重要贡献（Clarkson，1995），他在《战略管理：利益相关者管理的分析方法》（1984）中明确提出利益相关者管理的概念，即利益相关者是那些因公司活动受益或受损，其权利也因公司活动而受到尊重或侵犯的人，企业经营管理和利益相关者的决策相互影响，多种利益相关者使得公司经营多元化（Donaldson and Preston，1995）。

企业利益相关者包括地方社区组织、所有者、消费者、竞争者、媒体、雇员、特殊利益集团、环保主义者、供应商、政府等（Freeman，1984）。Jones（1995）将其划分为内部利益相关者和外部利益相关者，其中内部利益相关者包括股东、管理者和雇工等，他们对企业资源具有直接决策权，外部利益相关者包括消费者、供应商、地方社区组织、政府等，他们仅是有部分利益在企业内。Pestoff（1998）提出多元利益相关者概念，即包括股东、债权人、管理者、员工、消费者、供应商、地方社区组织、政府

[①] "隧道效应"是由赫希曼（Albert O. Hirschman）于 1973 年提出的概念，指在经济发展过程中人们对不平等程度的忍耐力较高的现象，一般指大股东通过"隧道"等不易察觉的方式侵占小股东利益。

或公共资源。根据利益相关者与企业之间是否存在交易性合同关系，可将利益相关者分为契约型利益相关者和公众型利益相关者，前者包括股东、雇员、顾客、分销商、供应商和贷款人等；后者包括消费者、监管者、政府、媒体和社区等。根据利益相关者与企业间联系的紧密程度可将利益相关者分为主要利益相关者和次要利益相关者，前者指若没有这些利益相关者群体的参与，企业就无法生存，如股东、雇员、顾客、供应商等；后者是间接影响企业运作或受到企业间接影响的群体，如媒体等。

利益相关者治理模式包括共同治理和相机治理。传统公司治理把内部治理结构抽象为股东与经理的委托代理关系，股东依法拥有公司所有权，治理结构效率则以股东利益最大化为标准。20世纪90年代后学者们认为共同治理和相机治理的有效结合可促进治理结构的有效性，其中共同治理体现了利益相关者之间的合作，而相机治理则是在客观对待利益矛盾的基础上，保证这一合作状态的持续稳定。

3. 交易成本理论（Transaction Cost Theory）

科斯在《企业的性质》（1937）中首先提出交易成本概念，认为市场和企业是相互替代的交易机制，企业可以取代市场实现交易，从而降低交易成本。企业的边界由企业与市场的交易成本相比较而决定，交易成本的存在及企业节省交易成本的努力，是公司治理结构演变的唯一动力。企业的规模被决定在企业内交易的边际成本等于市场交易的边际成本或等于其他企业的内部交易的边际成本的临界点上，选择市场还是企业，取决于两种形式交易成本的高低，而节约交易成本是企业最重要的经济目标和动力。

在有限理性与机会主义假设的前提下，威廉姆森从资产专用性、交易不确定性和交易频率三个维度分析交易特性，对交易做了进一步细化和一般化，使交易的经济分析具有可操作性。他认为应根据交易的不同属性特征采取不同的治理结构以降低事前和事后的交易成本，而企业就是交易的一种治理结构。该理论的基

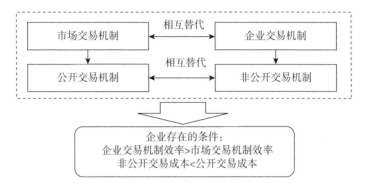

图 2 - 1　科斯的交易成本理论

本逻辑思路是：由于人是有限理性的，在交易中并不能够遇见未来的各种意外事件并且以双方都没有争议而且能被第三方证实的语言缔结，因而任何一项交易的契约必然是不完全契约。在契约不完的情况下，具有机会主义的经济主体为牟取个人私利，在缔约后不可避免地会出现拒绝合作、制造条件违约及阻碍再谈判等危及契约有效执行的行为。为保证契约关系能够持续良性地发展，就必须根据不同性质的交易或契约采取不同的治理结构，并通过不同治理结构的比较，最终选择交易成本最小的治理结构。

表 2 - 1　威廉姆森的不同交易维度的治理结构

		资产专用性		
		非专用	混合	独特
交易频率	偶然	市场治理（古典契约）	三方治理（新古典契约）	
	经常		双方治理	统一治理
		关系契约		

4. 企业产权理论（GHM 模型，又称不完全契约理论）

企业区别于市场的特殊性在于企业内部能够利用权威和行政命令配置资源，因此企业契约中各个缔约方的权力安排不是对等的。企业产权安排主要解决在参与企业生产的众多要素所有者中谁雇用谁的问题。

企业产权包括所有权、剩余索取权和剩余控制权，且具有普遍性、排他性、可交易性、可分割性和不完备性等基本属性。所有权体现了对财产排他性的占有、使用、收益和处分的权利。剩余索取权是指对企业合作剩余的要求权或对企业剩余收入（总收入扣除固定契约性报酬）的要求权。Grossman 和 Hart（1986）指出剩余控制权是指在企业合约中所未明确的状态出现时的相机处理权或决策权。有学者（Grossman and Hart，1986；Hart and Moore，1990）以契约不完全性为研究起点，以财产权或（剩余）控制权的最佳配置为研究目的，从提高企业组织效率角度提出"所有权－控制权"的产权配置问题，即不完全契约理论，又称GHM 模型。该理论对不完全契约理论模型化，推动了企业理论发展，阐明了产权结构有效性，为企业产权分析提供了一种研究范式，从而解释企业边界及其纵向一体化等相关问题。

二　苹果合作社治理分析

（一）农民合作社

随着农村经济发展，农民对合作社的需求更加多样化，推动农民合作社多元化发展。根据《合作社法》规定，合作社的规范称谓是"农民专业合作社"，但随着股份合作社、信用合作社、土地股份合作社等多种合作形式的产生，2013 年中央一号文件开始以定义范围更广的"农民合作社"代替"农民专业合作社"，由此可知政府开始倡导不同类型的合作社多元化发展趋势。因此，本书以"农民合作社"作为苹果合作社治理问题的研究起点。

合作社的概念分析可追溯到马歇尔的《经济学原理》，他认为制定合作制度的目的在于避免私人合伙组织和股份公司两种企业管理方法的弊端。在理想的合作社形式中，一部分或全体承担营业风险的股东本身也是企业雇用的。凡是被雇用的人，不论是否拿得出企业的物质资本，都可分享利润；并且在制定企业经营方针方面，在任命职员实行这个方针的社员大会中，也享有选举权。因此，他们是自己经理的雇主，应该具有相当好的方法判断策划经营上的高级工作是否得到忠诚有效的执行，也最有可能查出管理的具体细节工作中存在的松懈和不称职问题。

1946 年成立的国际农业生产者联盟（IFAP）和 1985 年成立的国际合作联盟（ICA）是国际合作化运动的代表。1995 年国际合作社联盟大会对合作社做出如下原则型定义：合作社是人们自愿联合、通过共同所有和民主控制的企业，来满足社员经济、社会和文化方面的共同需求和渴望的自治组织。[①] 这是合作社最基本的定义与原则，对不同国家和地区合作社治理及其发展具有重要借鉴意义。

农民专业合作社是介于非营利组织和投资者所有企业（IOFs）之间的一种特殊的市场经济组织，是在农村家庭承包经营基础上，同类农产品的生产经营者或者同类农业生产经营服务的提供者、利用者，自愿联合、民主管理的互助性经济组织。农民专业合作社以其成员为主要服务对象，提供农业生产资料的购买，农产品的销售、加工、运输、贮藏以及与农业生产经营有关的技术、信息和服务。[②] 由此定义可知农民专业合作社是一种专业、自愿和民主、互助性质的市场经济组织。

合作机制是最适宜于将弱势群体组织起来适应专业化和组织化程度日益提高的市场环境的主要机制，农户依托合作组织参与

---

① 对此原则性定义的解释如下：一是合作社是自治组织，尽可能地独立于政府和私营企业。二是合作社是"人的联合"，世界上许多基层合作社只允许单个"自然人"加入，但联合社允许"法人"加入，包括公司。通常联合社的社员就是其他合作社。三是人的联合是自愿的，在合作社的目标和资源内，成员有加入和退出的自由。四是"满足共同的经济、社会和文化方面的需求"，这一规定强调了合作社是由其成员组织起来的，并着眼于成员，成员需要是合作社存在的主要目的。五是合作社是一个"共同所有和民主控制的企业"，合作社所有权是在民主基础上归全体成员。

② 《合作社法》第一章第二条。

市场竞争。农民合作社的组织原则、经营原则、运行原则完全不同于合伙制企业、股份制企业、合资企业以及其他形式的企业联盟。合作社本质是一种服务的使用者拥有、服务的使用者控制、服务的使用者受益的法人组织形式，主要有三种基本类型：农产品销售类合作社、农业原料供应类合作社和农业服务类合作社。

（二）苹果合作社

在目前中国农业经营制度下，农民合作社多出现在市场化程度、农业产业化水平和专业化分工程度较高的地区，并且多集中在种养业，以技术含量、商品率较高和市场风险较大的产品为主。随着农村经济的发展，农民合作社不仅在"小农户"和"大市场"之间发挥重要功能，而且在农民基层民主、文化建设以及作为政府行政载体方面发挥重要作用（李玉勤，2008）。由于苹果的商品化和市场化程度较高，其生产经营过程更符合市场经济运行规律，尤其需要合作组织的发展。首先，由于苹果种植投入成本和技术含量较高，在资源禀赋和技术要素既定条件下，普通苹果种植户难以通过规模化经营降低成本；其次，苹果产品的市场化程度和产业化水平较高，且位于专业化分工程度较高地区①，合作社是苹果产业链条上的重要参与主体，对提高果农的市场谈判地位和市场竞争能力具有重要作用，是"小农户"应对"大市场"的有效途径；最后，苹果合作社服务领域较宽，涉及生产资料提供、技术培训、苹果初加工和深加工、市场信息获取与销售等环节。此外，发展苹果合作社是提高苹果产业组织化程度的有效途径，促进适度规模化种植，缓解了农村劳动力短缺与苹果生产稳定发展的矛盾；降低小农生产的差异性，提高苹果的标准化生产水平，是先进适用技术推广的有效载体，是培育新型农业经营主体、推进农业现代化的重要举措。

———————————

① 主要位于黄土高原优生区和环渤海湾优生区。

　　苹果种植户通过联合建立合作社的目的包括产前、产中和产后三个方面，是果农从分散走向联合的核心动力。产前方面，统一组织购买农药、化肥、果袋等农业生产资料，降低生产成本；产中方面，通过技术、土地、资金和农机具等生产要素的联合提高要素利用率，弥补生产要素不足；产后方面，以高于市场的价格统一组织收购销售苹果产品，改善果农的市场谈判地位，提高其市场竞争力。随着果农合作社从生产导向型发展到市场导向型，其内涵不断丰富，功能不断完善，从初期的生产领域合作起步，逐步向品牌、流通和加工等领域拓展，不仅成为苹果标准化生产和种植技术推广的有效主体，而且成为开拓农产品市场、加快产业升级和建设品牌农业的重要力量。

　　苹果合作社职能定位包括农业生产资料、苹果种植技术、苹果收购销售、生产信息支撑和资金信贷五个方面的服务内容。在农业生产资料服务方面，由合作社统一组织购买农药、化肥和果袋等农业生产资料，降低生产成本；在苹果种植技术服务方面，通过推广先进适用的苹果种植生产技术提高标准化生产水平和苹果质量安全水平；在苹果收购销售服务方面，为成员提供统一收购、仓储、运输、销售和初级加工服务，拓宽苹果销售渠道，提高苹果销售价格，增加果农收益；在苹果生产信息支撑方面，加强互联网与现代农业融合，建立果农合作社信息管理平台，为果农提供生产信息、技术信息和市场信息，提高合作社管理水平和服务水平；在资金信贷服务方面，合作社通过为成员提供资金借贷服务提高果农的标准化生产水平和市场竞争力。

　　本书定义的苹果合作社是指在农村家庭承包经营基础上，苹果种植农户即果农各自独立经营，在"入社自由、平等、互利"前提下，由果农成员共同建立的自治性、互助性联合经济组织，苹果合作社以其成员为主要服务对象，提供苹果生产资料购买，苹果收购、仓储、运输、销售、加工以及与苹果种植相关的技术、信息服务。该组织对外从事盈利活动，是市场参与主体的组成部分；对内为成员提供产前、产中、产后苹果种植相关服务。在苹果种植生产环节仍然以一家一户（或单个企业）为单位，合作社为成员提供生产资料采购以及技术支持、信息共享等有偿或无偿服务；在苹果销售环节提供统一商标、统一品牌、统一收购销售；在果农合作社管理上实行"一人一票"的成员民主决策；在盈利分配上提取合作社公积金和公益金后，按照成员与合作社交易量（额）和按出资入股比例相结合，但以交易量（额）为主的方式进行利润返还。

（三）农民合作社治理及特征

1. 治理

英语中治理（governance）的词义源于拉丁文和古希腊语，意思是控制、引导和操纵或统治、管理、使安定有序。常与统治（government）一次交叉使用，多用于与国家公共事务相关的管理活动和政治活动中。[①] 但自 90 年代以来，其含义不再局限于政治学领域，且被广泛应用于社会经济领域，并被赋予新的含义，最典型的是应用于公司治理相关问题的研究。

治理理论的主要创始人之一罗西瑙（1995）将治理定义为一系列活动领域里的管理机制。罗茨（1996）列举六种关于治理的定义，其中作为公司管理的治理，它是指导、控制和监督企业运行的组织体制。全球治理委员会（1995）对治理做出界定：治理是各种公共的或私人的个人和机构管理其共同事务的诸多方式的总和，它是使相互冲突的或不同的利益得以调和并且采取联合行动的持续过程，既包括有权迫使人们服从的正式机构和规章制度，也包括各种人们同意或为符合其利益所进行的非正式制度安

---

① 《荀子·君道》："明分职，序事业，材技官能，莫不治理，则公道达而私门塞矣，公义明而私事息矣。"《汉书·赵广汉传》："壹切治理，威名远闻。"《孔子家语·贤君》："吾欲使官府治理，为之奈何？"清王士禛《池北偶谈·谈异六·风异》："帝王克勤天戒，凡有垂象，皆关治理。"瞿秋白《乱弹·水陆道场》："然而阿斗有自知之明，自己知道昏庸无用，所以就把全权交给诸葛亮，由他去治理国家。"

排。因此，治理不仅是一套规则或正式制度，而且是一个协调公共部门与私人部门的持续的互动过程。

公司治理包括所有权配置、企业资本结构、对管理者的激励机制、公司接管、董事会制度、来自机构投资者的压力、产品市场的竞争、劳动力市场的竞争和组织结构等（Williamson，1975）。李维安等（2013）从治理结构和利益相关者两个角度对公司治理进行狭义和广义区分。狭义的公司治理是股东对经营者的监督与制衡机制；广义的公司治理是通过一系列正式或非正式、内部或外部制度或机制来协调公司利益相关者之间的利益关系，以保证公司决策科学化，维护公司各方利益。席酉民和赵增耀（2004）在李维安和武立东（2003）的基础上将内部法人治理结构具体化构建了公司治理体系（见图2－2）。经济合作与发展组织（2015）指出公司治理应促进市场的透明公平及资源的有效配置，加强监督和执行的有效性；保护股东权益，并确保公平对待所有股东；通过股票或薪酬为管理者提供合理激励；通过法律或合理契约认可股东权益，并鼓励公司与股东积极合作；确保及时准确披露公司的所有相关事宜，包括财务状况、绩效、所有权和公司治理状况等；确保理事会的策略方针和有效监督管理及其对公司和股东的问责制。

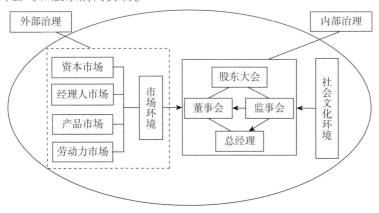

图2－2 公司治理体系

2. 农民合作社治理

在农村家庭承包经营前提条件和不改变农民生产经营自主权的基础上，以成员利益最大化为目标，通过合作社内部利益分配机制、激励约束、决策行为、监督行为和成员退出权设置等制度安排，在外部环境基础上形成合作社内部与外部权力和利益制衡体系。

诸多学者认为合作社同样需要加强治理，从而才能使合作社成为促进农民增收和推动农业产业化的现代农业经营组织。Dunn（1988）通过所有权、决策权和收益权三种权利分配来定义合作社。丁为民（1998）认为合作社治理是指合作社内所有者（成员）、控制者（经营管理者）和监事会（监督者和顾问）三者之间的关系。王军（2010）认为合作社治理所要研究的是如何通过一系列正式和非正式制度安排来协调合作社社员、经理人员及其他利益相关者之间的利益冲突，消除机会主义行为，实现共同利益。黄祖辉和扶玉枝（2011、2012）认为合作社治理是支配若干在合作社中有重大利害关系的投资者、经营者、惠顾者之间关系的一套制度安排，使各个团体在其中实现各自的经济利益。黄胜忠（2014）认为合作社治理是一组联结并规范合作社所有者、控制者、惠顾者各相关利益主体之间权利、责任的系统制度安排。由此可知，合作社治理是在合作社所有者、控制者和惠顾者之间协作关系的基础上实现各自经济利益的过程。

有些学者将"治理结构"概念等同于"治理"概念，从而对合作社治理问题进行分析。治理结构是某一项资产的所有权、决策权和收益权集合，所有权是对某项资产的剩余索取权，决策权是对某项资产的调度和使用权，收益权是占有某项资产所产生利润的权利或支付该资产使用过程中所产生成本的义务（Hansmann，2009；梁巧，2013：51）。按照OECD对公司治理定义的原则，合作社治理是对合作社进行管理与控制的制度体系。

对合作社目标的认识不同，对合作社治理概念的理解也就不同，可以从治理结构和利益相关者两个角度对合作社治理进行广义和狭义区分，狭义的合作社治理主要是全体成员对经营管理的监督与制衡机制，即通过一系列制度安排合理配置所有者、管理者与惠顾者之间的权利、责任关系，为全体成员提供农业生产服务，实现成员利益最大化。广义的合作社治理不局限于对经营管理者的制衡，涉及广泛的利益相关者，它是通过一系列正式或非正式、内部或外部制度或机制来协调合作社利益相关者之间的利益关系，保证合作社决策科学化，维护利益相关者各方利益。

从治理目标来看，通过内部契约和制衡关系来保证成员利益最大化，防止经营者目标与成员利益相偏离，避免经营者机会主义行为和成员"搭便车"行为。从治理主体来看，强调成员大会、理事会、监事会和经理人（理事长）组成的内部治理结构。有效的合作社治理需注重协调利益相关者之间的关系，促进合作社科学决策。

合作社治理结构一般由成员大会、理事会、监事会或执行监事以及经理人（理事长）构成，其中成员大会是权力机构，理事会是决策机构，监事会或执行监事是监督机构。理事会与成员大会实际上是一种基于合作社所有权与经营管理权分离基础上的委托代理关系，是一种受托责任关系，信息不对称及受托人的趋利性会加大对委托人即全体成员的利益损害风险（张满林，2007；黄胜忠，2014）。吴彬（2014）将合作社内部治理结构定义为成员所有者、理事会和监事会，以及经理人组成的一种组织结构，成员所有者借此对合作社的经营管理和绩效进行监督和控制。文雷（2013）认为农民合作社治理机制是合作社在一定治理结构的安排下，为实现合作社运行宗旨和目标的一系列执行、控制和反馈机制。合作社治理结构安排是涉及合作社成员、经理人、理事会、监事会等的一种契约性制度安排，其核心是合理配置合作社剩余索取权和剩余控制权。

我国合作社的显著特征之一是小部分核心成员占有大部分决

策权和收益权，核心成员负责合作社的日常经营管理活动（徐旭初，2005）。在这种情况下，核心成员极有可能采取机会主义行为，利用其实际控制权损害中小成员利益，即产生核心成员与中小成员之间的利益冲突。此时，合作社"全体成员－理事会"和"理事会－理事长"的"双层"委托代理关系演变为"普通成员－核心成员"、"核心成员－理事会"和"理事会－理事长"的"三层"委托代理关系。

本书定义的合作社治理指在一定产权制度设计基础上联结并规范合作社所有者、管理者和惠顾者及其他利益相关主体之间权利、义务和责任的系统制度体系，具体表现为基于制度、市场和政策等外部环境的合作社治理结构和治理行为。合作社治理作为一种制度体系，体现在制度安排和制度环境两个方面。在制度环境方面，合作社治理环境指制约和影响果农合作社治理的一系列外部宏观环境和微观环境，其中宏观治理环境包括经济环境、政治环境和法制环境。微观治理环境包括合作社上游的农资经销商、下游的产品购买方、果品企业、其他果农合作社、金融信贷市场以及当地与合作社有交易关系的非社员等。在制度安排方面，依托该制度体系，明确规定全体成员、理事会、监事会和经营管理人员的权利、义务和责任分布，清晰界定决策合作社事务必须遵循的原则、标准和程序，设计和提供合理的运营措施和监管手段，从而优化合作社治理结构，降低合作社治理成本，提升合作社治理绩效，推动合作社持续有效发展。

合作社治理结构指在监事会或执行监事的监督下形成以全体成员为委托人，以理事会为代理人以及以理事会为委托人，以理事长（经营管理人员）为代理人的双层委托代理关系，其核心是合理配置合作社的剩余索取权和剩余控制权。

合作社治理行为指合作社内部组织机构在既定外部治理环境下配置其股权结构和权利责任关系，行使决策权和控制权，监督各组织机构的权力运行，享有利益分配权，激励和约束经营管理人员以及社员入社与退社等一系列行为过程，具体包括股权结构设置、决策行为、监督行为、利益分配行为、激励约束行为、成员入社和退社以及理事长治理行为等。

合作社治理的特殊性就在于合作社成员同时又是客户。合作社由成员共同出资成立，成员向合作社交售农产品，合作社把农产品出售获利；或合作社购入农业生产资料，销售给成员获利；合作社在经营中获得的利润大部分或全部按合作社与成员交易量（额）分配给成员。本书研究的农民合作社完全不同于供销合作社和信用合作社，也不同于20世纪50年代的农业合作社和村经济合作社；同时也不同于公司企业（有限责任公司和股份有限公司）。本书所要研究的是苹果合作社，即苹果种植户合作社，而不是其他类型的合作社或公司组织。

3. 农民合作社治理特征：公司治理比较视角①

根据《合作社法》的规定，农民专业合作社应当遵循以下原则：成员应以农民为主体；以服务成员为宗旨，谋求全体成员的共同利益；入社自愿，退社自由；成员地位平等，实行民主管理；盈余主要按照成员与农民专业合作社的交易量（额）比例返还。根据OECD制定的公司治理原则，公司治理应促进市场透明和公平及资源的有效配置，加强监督和执行有效性；保护股东权益，并确保公平对待所有股东；通过股票或薪酬为管理者提供合理激励；通过法律或合理契约认可股东权益，并鼓励公司与股东积极合作；确保及时准确地向股东披露公司所有相关事宜，包括财务状况、绩效、所有权和公司治理状况等；确保理事会策略方针和有效监督管理及其问责制。合作社治理与公司治理的不同在于两种制度安排的起源不同，公司治理是商业资本追求财富增长而实施资本扩张的结果，而合作社治理起源于弱势群体"保住阵地"的一种自卫行为（苑鹏，2007）。两者的区别与联系主要表

---

① 特指按现代公司治理制度成立的股份公司。

现在成员主体、治理目标、管理决策、分配制度、成员收益决定因素和产业属性差异等方面。

第一，成员主体的紧密程度和加入组织的目的不同。合作社成员遵循入社自愿原则，以农民为主体，一般由作为合作社主要服务对象的成员出资入股，且与合作社有业务往来，如在合作社购买农资产品，享受合作社提供的技术指导，通过合作社销售农产品等，因此在合作社制度下，所有者、控制者和惠顾者的角色是同一的。在公司治理中，股东加入公司也是一种自愿行为，但其加入公司的目的是获得高的投资回报率，不一定与公司有业务往来，因此在公司制度下，所有者、控制者和使用者是分离的。

第二，组织治理目标与服务宗旨不同。多数侧重经济的组织存在目的都是增进其成员利益，不去增进其成员利益的组织往往会消亡（曼瑟尔·奥尔森，1995）。合作社治理的目标是规范合作社发展过程，提高为成员服务水平，降低成员市场风险和生产成本，实现成员收益最大化，合作社成员集所有者、控制者和惠顾者三种角色于一体，因此成员收益最大化即合作社所有者、控制者和惠顾者收益最大化。而 OECD（2015）指出公司治理应保护股东权益，并确保公平对待所有股东；通过法律或合理契约认可股东权益，鼓励公司与股东积极合作；确保及时准确地向股东披露公司财务状况和公司治理状况等，因此公司治理目标实现股东收益最大化。

第三，组织成员地位与管理决策原则不同。合作社和公司的组织机构设置相类似，都是以全体成员（股东）（代表）大会为最高权力机构，理（董）事会为决策机构，监事会（执行监事）为监督机构，日常经营管理实行理（董）事会领导下的经理负责制，但合作社经理人多由理事长担任，理事长也是理事会成员之一，且理事会成员从本社选举产生，而公司多外聘职业经理人，且可聘请外部独立董事。合作社实施"一人一票"的民主管理制度，以有效保护全体成员基本权益，而公司治理由大股东主导决策权，且实施"一股一票"的管理决策制度。

第四，组织盈余分配制度不同。《合作社法》规定弥补亏损、提取公积金后的可分配盈余按成员惠顾比例返还，返还总额不得低于可分配盈余的60%。合作社作为市场交易主体之一，也要参与激烈的市场竞争，因此合作社凝结了资金、社会资本和人力资本等关键生产要素，对返还盈余比例的规定意味着承认资本要素的贡献。而公司分配制度是按股分红，且对分红比例是没有限制的，股东红利水平取决于公司盈利水平。

第五，组织成员收益水平的决定因素不同。合作社和公司作为法人企业，双方各自都对本企业资产拥有法人财产权，成员或股东以其对合作社或公司的出资额为限，对各自企业债务承担有限责任。但成员在合作社的收益是由其与合作社的交易关系决定的，而不是由其在合作社的股权结构决定的，成员普遍缺乏向合作社投资的激励，因此合作社资金多由核心成员筹集，合作社决策权也多掌握在核心成员手中，易产生核心成员机会主义行为和普通成员"搭便车"行为。而公司股东收益是由在公司的股权结构决定，即股东的收益水平与所有权结构是完全对应的。

第六，产业属性限制与股份处理方式不同。合作社作为弱势群体的组织，多集中在农业领域，其服务对象和经营范围具有很强的地缘性，这是由农业依赖土地及土地不可迁移的地理因素所决定的，且农村的经济发展水平较低，成员的股份不上市交易。而公司多集中在工业领域，以资本为中心，不受地理因素和产业属性限制，且股份可上市交易。

4. 农民合作社治理特征：管理比较视角

合作社治理与管理既有联系也有区别，既相互影响又相互制约，并且随着外部环境的变化不断调整。合作社治理主要是构成合作社各相关利益行为主体之间的权力、责任和利益分配，有效的治理行为可以实现相互利益制衡，是合作社为成员服务的保障；合作社管理则是在一定的治理模式中，管理者为实现合作社目标而采取的行动。两者的区别主要体现在目标、导向、中心、实施基础、实施手段、实施过程中政府的作用以及资本状况方面（见表 2 - 2）。

表 2 - 2　合作社治理与合作社管理的具体区别

	合作社治理	合作社管理
目标	相关利益主体特别是成员大会、理事会、监事会和经理人的权力分配与利益制衡	为成员服务，实现成员利益最大化
导向	战略导向，确保合作社内外部结构框架，确保合作社管理处于正确轨道	任务导向，通过具体的管理活动完成合作社各项经营业务
中心	合作社内外部协调	合作社内部
实施基础	合作社法、合作社章程、市场机制	行政权威关系
实施手段	内部治理结构、治理行为、治理机制等	计划、组织、控制、指挥、协调和控制
实施过程中政府的作用	政府通过制定相关法律、法规发挥重要作用	政府基本不干预具体管理过程
资本状况	反映合作社成员股份情况	反映合作社财务状况

　　合作社治理问题源于所有权与控制权的分离而导致的委托代理问题。合作社治理以《合作社法》和合作社章程（契约）为依据，通过规范合作社利益相关主体的关系，降低合作社市场型和管理型交易成本，改善合作社治理绩效。合作社治理结构由成员大会、理事会、监事会和经理人（理事长）组成，合作社治理是在此组织架构基础上的权责利划分、制衡关系以及决策、监督、激励约束、入社和退社的配套机制。现代经营管理之父法约尔在《工业管理和一般管理》（1916）中指出"管理活动指的是计划、组织、指挥、协调和控制"。由此定义可知合作社管理是对合作社业务计划、组织、指挥、协调和控制的经营过程。因此，合作社治理是对各利益相关者契约关系的一套制度安排，合作社管理是在这种制度安排的构架基础上，通过计划、组织、指挥、协调

和控制等活动的具体实施来实现合作社为成员服务的目标的。

合作社治理是在成员大会、理事会、监事会和经理人（理事长）委托代理关系基础上保证合作社正常运行的过程，合作社管理则是管理人员确定合作社经营目标并为实现目标所采取的行动。合作社作为弱势群体的组织，其本质是为成员服务，治理和管理都是合作社有效运行的组成部分，两者结合构成合作社运行过程。在合作社治理中，理事会理事既是成员大会－理事会委托代理关系中的代理人，又是理事会－理事长委托代理关系中的委托人，在合作社管理中理事会理事既是实施经营管理活动的主要行为人，又是合作社的核心沟通环节。

合作社治理和管理的协调机制是指为实现合作社成员利益最大化的既定目标，使合作社保持良性运转状态，而采取的合作社治理机制与管理手段有机整合的一种互动方式。首先，合作社治理为其运行提供了一个框架和基础，而合作社管理则是在这个既定框架下负责具体的目标实施，同时合作社管理又会对合作社治理起到调节作用，两者合理分工、密切合作才能实现合作社良性运转；其次，合作社治理规定着合作社的发展方向，并在制度、市场和政策环境基础上产生合作社管理活动的具体模式，合作社管理是对具体经营业务进行管理，促使目标的实现，并为合作社治理提供科学的管理方法，是实现合作社有效治理的前提；最后，在不断变化的外部环境影响基础上，通过政府法规及市场机制引导合作社治理与合作社管理达成一种均衡状态，并根据环境变化进行动态调整，保证合作社治理和合作社管理实现良性互动，从而更好地为成员服务，实现成员利益最大化目标。

（四）苹果合作社治理及特征

1. 苹果合作社治理

苹果作为市场化和商品化程度较高的高价值农产品，其生产经营过程具有市场化、专业化特征（王静，2013）。本书界定的苹果合作社治理是指专业从事苹果产业生产经营的农户所组成的互助性联合经济组织的制度安排和运行过程，苹果合作社以家庭承包经营为基础，以独立经营的苹果种植户为基本组成单位及主要服务对象，通过理事会、监事会、股东成员、经营管理人员和其他利益相关者组成的组织结构，提供苹果生产资料购买，苹果收购、仓储、运输、销售和加工以及与苹果种植相关的技术、信息等服务，促进合作社有效运行和持续发展。

苹果合作社并没有能够有效地组织果农经营果业、带动果农显著增收。一方面，是由于果农合作社发展仍处于由初级发展向成熟期过渡阶段，其作用和功能的发挥程度有限；另一方面，是由于现有一些果农合作社在结构设置和组织制度上不合理，偏离了合作社基本理念和基本原则，影响果农合作社规范化发展。苹果合作社规范化治理问题若得不到解决，则会导致合作社内部人控制、"搭便车"以及委托代理等诸多问题，既浪费了国家扶持资金，又易使苹果合作社由服务导向型转化为资本导向型，从而使其转变为投资者所有企业，不利于社会总体福利改善。

苹果合作社治理以内生合作机制为基础，在外生合作机制基础上促进果农增收、农村发展和农业增效。苹果合作社治理内生合作机制是其最重要的组成部分，除了强调合作社治理本质、发展必要性以及法律、融资、要素流转等因素的制约作用外，还需重视合作社内生合作机制，包括股权结构设置、决策机制、监督机制、利益分配方式、成员退出、经理人（理事长）治理等。其中，股权结构设置与决策机制是合作社内生合作机制的主要组成部分，对提高合作社治理绩效具有重要作用和影响，需要进行深入分析，只有形成农户有效合作、合作社规范发展的内生机制才能增强合作社自我发展能力和市场竞争能力，这是合作社有效治理和规范发展的本质。

2. 苹果合作社的治理特征与分类

苹果合作社治理的外延和内涵都比合作社狭小，是农业合作社属下种植业合作社中的一类，其治理也不同于公司治理，这是由于合作社与公司两种组织类型的属性特征不完全相同。苹果合作社治理是合作社的制度安排及其运行过程，反映合作社的利益协调与分配。本书根据属性特征的不同对其进行如下分类。

（1）组织层面的特征与分类

根据合作社控制者角色可将苹果合作社划分为三类：政府主导型、企业主导型和能人带动型。[①] 政府主导型是指以政府的农业组织部门或准政府组织及其下属机构为主导的苹果合作社，这些机构通常包括乡镇政府、农技推广部门和村委会等。企业主导型是指专门从事苹果销售、加工、贮藏、农资经销的企业或相关商业组织在合作社制度安排和运行过程中占据主导地位的苹果合作社，其成立目的主要是获取稳定的农产品货源或销售渠道。社员与合作社通过签订农资采购契约或苹果销售契约，以相对稳定的价格或保护价格使合作社和成员形成稳定的交易关系，降低农户的市场风险和企业的交易成本，企业组织通常包括苹果销售、贮藏或加工企业以及农资经销商、供销社等。能人带动型是指担任村组干部的政治精英或从事农业生产经营活动的经济精英在合作社制度安排中占据主导地位的苹果合作社，能人主要包括村干部、苹果种植大户、营销大户、经纪人和农资销售商等，此类人在当地具有较高的威望及显著的创新、冒险、竞争和经营管理等企业家精神。

苹果合作社是种植业合作社中的一种，不同于养殖业合作社，这是由苹果长周期、高投资、高价值、商品化和高风险的产业属性决定的。根据合作社主营业务及成立目的不同可将苹果合作社划分为生产型合作社、营销型合作社、技术服务型合作社和综合型合作社。生产型合作社是指提供化肥、农药、果袋等农业

---

① 关于合作社的划分，徐旭初划分为农民主导型合作社、企业主导型合作社和相关组织主导型合作社；吴彬划分为普通农民主导型合作社、村庄能人主导型合作社、企业主导型合作社和相关组织主导型合作社。

生产资料的统购统销服务的合作社；营销型合作社是指提供苹果收购、销售、加工和贮藏等服务的合作社；技术服务型合作社是指提供苹果种植技术培训与信息服务的合作社；综合型合作社是指提供苹果种植生产的产前农资供应、产中技术培训和产后购销等服务的综合一体化合作社。不同类型的合作社均可降低农户的交易成本和生产成本，增加果农种植收入。

根据合作社运行模式不同，可将合作社划分为"合作社＋农户"（Ⅰ型）、"合作社＋基地＋农户"（Ⅱ型）、"（企业＋合作社）＋农户"（Ⅲ型）、"（企业＋合作社＋基地）＋农户"（Ⅳ型）和"企业＋（合作社＋基地＋农户）"（Ⅴ型）。Ⅰ型和Ⅱ型一般由能人带动发展，其竞争力较弱，对农户的凝聚力和吸引力不大，Ⅱ型在Ⅰ型基础上通过土地流转或签订契约建立生产种植基地，进行统一标准化生产管理；Ⅲ型和Ⅳ型一般由企业组建成立，此类型的合作社依靠企业雄厚的资本作为支持，成为企业的原料来源基地，具有较强的竞争力，但由于合作社附属于企业，其市场谈判能力被严重削弱，此外，由于国家对合作社具有财政、税收、金融和项目方面的优惠政策，企业组建合作社有套取国家优惠政策的嫌疑，易产生市场不公平竞争，Ⅳ型在Ⅲ型的基础上由企业和合作社共同建立生产种植基地，进行标准化种植，为企业提供高质量农产品，竞争力高于Ⅲ型，此种运行模式的合作社在公司企业的控制之下，农户权益易被剥夺，农户参与合作社的积极性不高；Ⅴ型运行模式的合作社在Ⅱ型的基础上与企业通过签订契约建立合作交易关系，合作社与企业在市场主体中相对独立，合作社仍是企业原料来源基地，但合作社的市场谈判地位大大提升，是一种理想的合作社运行模式。

（2）苹果合作社治理结构与利益相关者

第一，成员大会，核心成员与普通成员。

合作社成员大会由全体成员组成，是本社权力机构，并召开定期或临时会议，可行使选举和罢免理事长、理事、执行监事或监事会成员和听取理事长或理事会关于成员变动情况的报告等[1]，成员大会出席人数应达到成员总数的 2/3 以上[2]，成员人数若超过 150 人的可按章程规定设立成员代表大会。[3] 成员大会闭会期间，成员在闭会期间应经常征集和反映其对合作社治理和经营管理方面的意见或建议。

合作社是对市场交易中谈判权力垄断者的抗衡力量（唐宗焜，2007），是分散农户将外部服务"内部化"的重要组织形式（任大鹏、郭海霞，2008）。本书通过调查发现，通常一些具有企业家精神的大农户掌控资本、技术、营销渠道及社会关系等关键生产要素的能力较强，因而容易将弱势群体组织起来，并以组织化的集体形式参与市场竞争，这些大农户也转变为合作社的核心成员。可见，核心成员是合作社治理结构中的重要组成部分。核心成员的初始身份通常是村干部、企业负责人、种植大户、营销大户、农资销售商等从业经历丰富、经营能力强的农村精英。其中，核心成员为村干部的合作社主要是政府主导型合作社；核心成员为企业负责人的合作社主要是企业主导型合作社；核心成员为种植大户、营销大户或农资销售商的合作社主要是能人带动型合作社。当核心成员与普通成员之间的利益发生冲突时，核心成员作为理性经济人和合作社的实际控制人，基于自身利益诉求，可能采取机会主义行为，即利用其实际控制权侵占普通成员的利益。

由于缺少资本等关键生产要素（即在合作社中持有的股份太小），缺乏销售渠道、社会关系，以及经营管理能力弱，普通成员参与监督合作社治理的成本较高，通常只能采取"搭便车"行为。根据《合作社法》规定，合作社的盈余分配，主要按照成员

---

[1] 《合作社法》第二十二条。
[2] 《合作社法》第二十三条。
[3] 《合作社法》第二十五条。

与合作社交易量（额）比例返还[1]，但核心成员生产规模较大，并与合作社间的交易量（额）远远大于普通成员，因而核心成员通常可获得合作社的大部分盈余。相反，尽管普通成员可获得较为优惠的技术、农资、销售等相关服务，但从合作社获得的盈余返还很少，普通成员参与合作社治理的积极性以及合作社对成员的凝聚力与吸引力降低，不利于合作社持续稳定发展。

第二，理事会与监事会。

理事会是合作社的决策和执行机构。合作社设理事长一名，可设理事会[2]，理事会成员由成员大会在本社成员中选举产生。理事长为本社法定代表人，并在合作社章程中明确规定其职权范围。在合作社治理实践中，理事会多由合作社核心成员组成，并通过核心成员对合作社进行经营管理，合作社理事长通常由村集体中威望较高的村干部、种植大户、营销大户或技术推广人员担任。按章程规定定期或不定期召开理事会会议，对合作社实施民主管理和决策经营活动，其表决方式实行一人一票制。

监事会或执行监事是合作社的监督机构。为加强对合作社的内部监督，减少管理人员机会主义行为，合作社可设立监事会（执行监事），但理事长、理事、经理和财务会计人员不得兼任监事，监事会成员由成员大会从本社成员中选举产生，依照法律和章程规定行使职权，对成员大会负责，会议表决实行"一人一票制"。[3]

第三，经理人。

为加强合作社经营管理，理事会可按照成员大会决定聘任经理，理事长或理事可兼任经理，并按照章程规定负责具体的生产经营管理。[4] 在合作社治理实践中，多数合作社并没有聘任专业经理人，而是由理事长直接管理合作社生产经营活动。是否需要

---

① 《合作社法》第三条。
② 《合作社法》第二十六条。
③ 《合作社法》第二十六条。
④ 《合作社法》第二十八条。

聘任经理取决于合作社自身的经营规模及实际发展情况，当合作社治理水平较低时，理事长兼任经理可以降低管理型交易成本，提高合作社治理绩效。但随着合作社经营规模的扩大，聘请职业经理人是合作社突破治理瓶颈的重要方面。

（五）苹果合作社治理目标

苹果合作社对内以为成员服务为导向，使成员利益最大化；对外以市场竞争为导向，使合作社利益最大化，为此需要合作社保持持续发展能力。在产权清晰界定基础上明确各相关利益主体的权力和责任分布，降低合作社管理型和市场型交易成本，提高其决策效率；在外部环境既定条件下，促进合作社内部治理与外部治理协调匹配，把弱势群体联合起来提高市场谈判能力和竞争能力，使合作社成员收益最大化。

苹果合作社治理的实质在于在产权清晰的基础上建立合理的利益分配机制和制衡机制。着重解决两个问题：一是明确成员大会、理事会、经理人（理事长）和成员之间权力责任分布，清晰界定成员所有权、控制权和收益权；二是降低合作社股权集中度及成员异质性，通过有效的治理行为保证成员利益最大化，从而促进合作社规范化治理，改进合作社治理绩效。

三　苹果合作社治理理论分析及假设

基于委托代理理论、利益相关者理论、交易成本理论和产权理论四个视角的苹果合作社治理理论对治理结构、治理行为及治理绩效分别进行理论述评，构建本书研究框架，提出本书研究假设。

（一）苹果合作社治理理论

1. 委托代理视角的苹果合作社治理

在所有权与控制权分离的基础上，经济组织则产生委托代理关系。由于公司治理过程中所有者、控制者与惠顾者是完全分离的，其委托代理关系相对简单，而在苹果合作社治理过程中，所有者、管理者与惠顾者的角色是完全同一的，三者在不同的委托代理关系中可能是委托人，也可能是代理人，即产生相对复杂的委托代理关系。在双层委托代理关系中，作为所有者的全体成员（委托人）选举产生理事会，从而委托理事会（代理人）对合作社进行经营管理，理事会作为委托人，委托经理人或理事长对合作社进行日常经营管理和决策，由此可知理事会既有委托人身份，也有代理人身份（见图 2 - 3）。

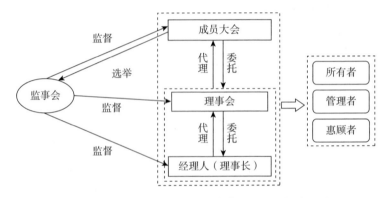

图 2 - 3 苹果合作社各相关利益主体之间的委托代理关系

2. 利益相关者视角的苹果合作社治理

利益相关者是任何能够影响合作社治理目标的实现，或者受合作社治理目标实现影响的团体或个人。由于组织是由多种形态的所有者组成的，从而产生通过个人或团体方式行使对组织直接或间接影响的利益相关者理论。这一理论将合作社治理的外部环境和外部团体纳入分析框架。根据 Pestoff（1999）提出的多元利益相关者概念，多元利益相关者之间的利益诉求需要达成一个平衡状态，而不是只追求单一目标，从而使合作社满足不同利益相关者的利益诉求，降低合作社组织形态的异化程度。

对于苹果合作社治理而言，其利益相关者可以划分为组织内部利益相关者和组织外部利益相关者。组织内部利益相关者主要包括全体成员、理事会成员、监事会成员、经理人（理事长）以及其他管理人员（会计、库管等），其中理事会成员、监事会成员和理事长都是合作社成员，合作社成员是集所有者、管理者和惠顾者三种角色于一体的。组织外部利益相关者主要包括上游农资供应商（农资经销商或农资企业等）、下游苹果收购商（苹果经纪人、苹果客商、苹果收购企业等）、与合作社有业务往来的非合作社成员、其他苹果合作社、果品加工企业、村委会或村干部、政府相关部门①等（见图2-4）。

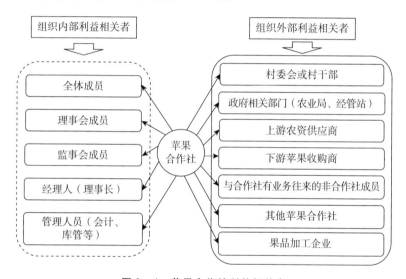

图2-4 苹果合作社利益相关者

3. 交易成本视角的苹果合作社治理

根据交易成本理论，果农联合或合作的初衷就是降低管理型和市场型交易成本，提高苹果种植收益水平。首先，果农在苹果种植过程中需要进行必要的资产、劳动力等投资，如农用机械、果园管理技术培训、苹果仓储设施等方面的投资，从而形成大量的专用性物质资产和人力资产；其次，由于农业生产具有季节依赖性和生产周期性特征，果农在苹果生产过程中面临的自然灾害

---

① 主要包括农业部、财政部、农技推广部门以及农业部下设的农业经济管理司等。

和市场失灵更加明显，因而面临更大的自然风险和市场风险，从而难以做出准确的生产决策，即信息不对称问题在苹果种植生产过程中更加突出；最后，苹果种植生产的地域性和市场中买卖双方谈判能力极不均衡的特征，使果农面临更多的区域市场垄断和人为压低农产品价格的市场风险。因此产生了专业合作的需求，一是降低果农被"敲竹杠"的风险；二是降低果农所面临的自然风险和市场风险；三是提高果农的市场谈判能力。Cook（1995）曾指出合作是单个生产者为应对市场价格波动和克服市场失灵带来的机会主义和套牢风险而做出的防御性的应对行为。合作社是一种通过由分散的农业生产者所组成的正式群体来展现寻租行为的方式，是联合了投资者驱动的股份公司和惠顾者驱动的集体行动这两大制度框架优势的集体企业家精神的体现（Cook and Plunkett，2006）

根据合作社交易主体不同可将合作社交易制度划分为非公开市场交易制度下的内部交易和公开市场交易制度下的外部交易（见图2-5）。当果农在合作社内部交易的机会收益大于其在公开市场交易制度下的外部交易收益时，果农则有积极性参与合作社治理。

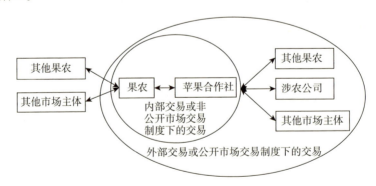

图2-5　合作社内部交易与外部交易制度

4. 产权视角的苹果合作社治理

在产权经济学家看来，合作社不同于投资者所有企业（IOFs）的一个重要方面是合作社的所有权界定不清晰，因此合作社采取了特殊的原则和所有权结构，也就产生了不同于其他经济组织的特殊的产权结构，从而产生特殊的控制权和收益权（见图2-6）。

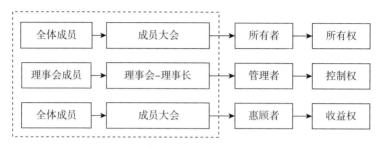

图2-6　苹果合作社治理产权制度安排

在苹果合作社治理过程中，控制权是除合作社章程、合同等"契约"规定外，管理者对苹果合作社中由于不确定性而难以特别规定的经营管理活动进行决策的过程，即合作社的剩余控制权。由于成员异质性明显，合作社主要剩余控制权多集中在核心成员，普通成员仅拥有与其出资相对应的选择控制权，如选举、异议或退出等权利。但剩余控制权对合作社治理的影响作用有限，由于合作社成员委托人身份的权利较弱，代理成本较高，难以促使理事长或经理人的治理行为符合全体成员利益。

收益权是果农参与合作社治理的核心问题。苹果合作社的收益权指对合作社总收入扣除所有固定契约支付（如管理型交易成本、工资等）后的盈余的要求权，即苹果合作社的剩余索取权，该权利被限定在合作社成员内部，不可转让、分离和市场化，当成员保持对合作社的惠顾时才会存在，一般包括对盈余的剩余索取权和对公共积累的剩余索取权两个方面。

（二）苹果合作社治理结构分析

结构一般指构成某一系统的各要素之间的内在联系方式及其特征。在苹果合作社治理过程中，治理结构是指在监事会或执行监事的监督下形成以全体成员为委托人、以理事会为代理人以及

以理事会为委托人、以理事长（经营管理人员）为代理人的双层
委托代理关系，其核心是合理配置合作社的剩余索取权和剩余控
制权的契约安排，即合作社成员大会、理事会、监事会和经理人
（理事长）之间利益协调和制衡关系的制度安排（见图 2－7）。

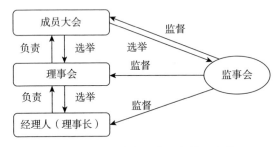

图 2－7　合作社内部机构设置的层级关系

　　基于成员同质性假设条件的苹果合作社治理结构如图 2－8
所示。成员大会选举产生理事会，形成以全体成员为委托人，
以理事会为代理人的委托代理关系，理事会选举产生理事长或
外聘专业经理，形成以理事会为委托人、以经理人（理事长）
为代理人的委托代理关系。在监事会对成员大会、理事会和经
理人（理事长）监督的情况下，通过所有者、管理者与惠顾者
行使其权利以实现优化合作社治理结构，改善合作社治理绩效
的目标。

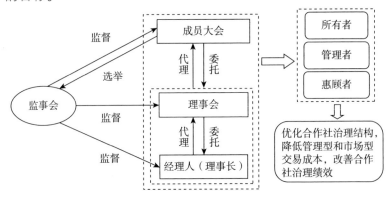

图 2－8　基于成员同质性假设条件的苹果合作社治理结构

基于成员异质性假设条件的苹果合作社治理结构如图 2 - 9 所示，此时全体成员与理事会之间的委托代理关系分化为"普通成员 - 核心成员"以及"核心成员 - 理事会"的双层委托代理关系，从而使委托代理关系更加复杂。

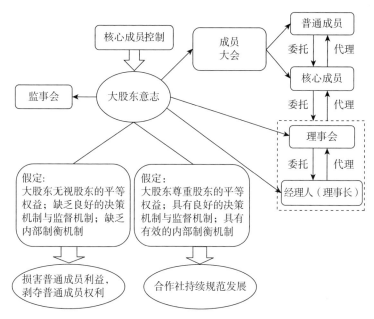

图 2 - 9　基于成员异质性假设条件的苹果合作社治理结构

（三）苹果合作社治理行为分析

行为是指组织为实现其目标而采取的适应组织结构的各种措施和机制设计。苹果合作社治理行为指合作社内部组织机构在既定外部治理环境下配置其股权结构和权利责任关系，行使决策权和控制权，监督各组织机构的权力运行，享有利益分配权，激励和约束经营管理人员以及行使退出权等一系列行为过程，具体包括利益分配行为、股权结构设置、决策行为、监督行为、激励约束行为、退出行为和经理人（理事长）治理等。成员参与治理行为指合作社成员通过正式的途径参与合作社民主管理和重大事项的决策，从而提高合作社治理水平，促进合作社规范发展，即成员通过成员大会按照"一人一票"的基本表决方式对合作社经理人（理事长）、理事会、监事会等权力机构进行选举以及对合作社的财产处置、盈余分配、基础设施建设或投资活动等重大事项进行决策。对于规模较大的合作社，成员可通过区域性成员大会参与合作社民主选举和重大事项决策，并选出成员代表，通过成员代表影响成员大会的选举和决策，从而实现其参与合作社治理的目标。

1. 利益分配对苹果合作社治理行为的影响机理

利益分配行为是农民合作社内部可分配盈余的分配方案的执行过程。理事会和经理人（理事长）主导合作社决策权，决策行为是理事会及经理人（理事长）对合作社各项业务进行经营管理决策的过程。监督行为指监事会对合作社各项经营活动和管理过程进行监督的过程。产权结构安排是合作社规范运行和治理的关键，对合作社持续有效发展具有重要作用和影响，主要包括所有权结构和控制权结构。在合作社治理过程中，其利益分配行为对合作社决策行为、监督行为、所有权结构和控制权结构具有显著影响。

2. 苹果合作社成员治理行为及其影响机理

计划行为理论主要包括态度、主观规范、知觉行为控制、行为意向和行为五方面要素，所有可能影响行为的因素都是经过行为意向来间接影响行为表现的，而行为意向受到三项相关因素的影响，一是源于个人态度，二是源于外在主观规范，即会影响个人采取某项特定行为的主观规范，三是源于知觉行为控制。个人对某项行为的态度和主观规范愈正向时，个人的行为意向愈强，而当个人态度和主观规范愈正向且知觉行为控制愈强时，则个人的行为意向愈强。此外，性别、年龄、文化背景、个性等个人因素通过影响行为态度、主观规范和知觉行为控制对行为意向产生间接影响，并最终影响个体行为。成员参与合作社治理的行为是在农户参与程度、收益及风险变化后的理性选择，这种选择既受到合作社发展状况、治理结构及服务功能等方面的影响，也受到成员与合作社的信任关系、家庭特征、个人资源禀赋、文化水平的制约。

（四） 苹果合作社治理绩效及其影响机理

苹果合作社治理绩效指苹果合作社内部治理结构的运作效率及其对外部治理环境的适应力和影响力，决定合作社治理的意义和价值。合作社治理绩效是评估合作社规范化程度的，对合作社规范发展和有效运行具有重要参考价值。合作社治理绩效可以从结构变量和情境变量两个方面进行测度，结构变量包括治理结构和治理行为两方面，情境变量包括组织规模和外部环境两方面。合作社治理绩效受到其决策机制、监督机制、执行机制、激励机制、成员退社及外部扶持的影响。本书研究的是苹果合作社治理绩效，而并非苹果合作社经营绩效，因此其评价指标体系是基于治理结构、治理行为、组织规模和外部环境四个方面设计与测度的。

（五） 苹果合作社治理：结构－行为－绩效关系

综上理论分析，本书提出苹果合作社治理结构－行为－绩效的逻辑关系分析框架如图 2－10 所示。在苹果合作社治理结构、治理行为和治理绩效的分析过程中，治理结构是合作社治理的内部利益相关者的构成与设置，作为苹果合作社治理行为的基础，治理结构从某种程度上决定了苹果合作社的治理行为，而苹果合作社的治理结构和治理行为共同反映合作社治理绩效水平。

苹果合作社治理结构决定其治理行为。合作社治理结构是成员大会、理事会、监事会和经理人（理事长）之间有效运转和制衡的关系。在监事会或执行监事的监督下形成以全体成员为委托人、以理事会为代理人以及以理事会为委托人、以理事长（经营管理人员）为代理人的双层委托代理关系，其核心是合理配置合作社的剩余索取权和剩余控制权的契约安排。合作社治理行为是内部组织机构在既定外部治理环境下配置其股权结构和权利责任关系，行使决策权和控制权，监督各组织机构的权力运行，享有利益分配权，激励和约束经营管理人员以及成员入社与退社等一系列行为过程，具体包括股权结构设置、决策行为、监督行为、利益分配行为、激励约束行为、成员入社和退社以及经理人（理事长）治理行为等。苹果合作社治理不仅需要一套完备有效的治理结构，还需要一系列基于治理结构基础上的治理行为，治理行为是合作社治理结构的内部各利益相关者之间相互作用的内在工作方式和运行过程，以及影响合作社治理结构因素的作用方式，是在苹果合作社治理结构框架下，保证合作组织治理内部各利益相关者主体履行责任和义务、获取相应利益和完成组织治理目标的一系列行为过程。

苹果合作社治理结构和治理行为共同反映其治理绩效。苹果合作社治理绩效是内部治理结构的运作效率及对外部治理环境的适应力和影响力，进而决定合作社治理的意义和价值。合作社治理绩效可以从结构变量和情境变量两个方面进行测度，结构变量包括治理结构和治理行为两方面，情境变量包括组织规模和外部环境两方面。可见治理结构和治理行为是苹果合作社治理绩效评价与测度的核心组成部分。治理结构是苹果合作社治理绩效的作用主体，治理行为是苹果合作社治理绩效的表现方式，两者共同成为苹果合作社治理绩效评价的关键内容。此外，情境变量即组织规模与外部环境也是苹果合作社治理绩效评价的重要组成部分。

基于上述分析本书提出有待验证的理论分析结论："成员大会－理事会"治理结构模式优于"普通成员－核心成员－理事会"治理结构模式，成员分化不利于合作社持续有效发展；合作社利益分配行为对其决策行为、监督行为、所有权结构和控制权结构具有显著影响，成员的业务与管理参与有利于提高其参与合作社治理程度；苹果合作社治理绩效水平普遍偏低，合作社决策机制、监督机制、执行机制、激励机制、成员退社和外部扶持对其治理绩效具有显著影响。具体来说内容如下。

（1）"成员大会－理事会"治理结构模式与"普通成员－核心成员－理事会"治理结构模式相比，前者的成员参与程度更高，而且在管理型交易成本和市场型交易成本的节约方面具有优势，其原因主要体现在成员行为动机与利益诉求存在差异，委托代理关系存在的逻辑构架不同，成员间存在明显的信息不对称以及市场型交易成本不同四个方面。

（2）利益分配是成员参与合作社治理的核心问题，对合作社治理具有重要作用和影响。苹果合作社利益分配行为对合作社的决策行为、监督行为、所有权结构和控制权结构具有显著影响。

（3）成员是合作社治理结构的重要组成部分和治理机制的主要运行载体，合作社持续发展也离不开成员的积极参与和支持。成员参与合作社业务和管理的程度越高，其参与合作社的积极性越高，行使选举权和决策权的可能性越大，即参与合作社治理程度越高。

（4）合作社治理绩效评价是评估合作社的规范化程度，对合作社的规范发展和有效运行具有重要参考价值。理事会是合作社决策机制的关键部分，财务公开是成员监督合作社的重要方式，执行机制关系到合作社经营管理状况，激励机制是促进成员效用最大化的有效途径，对成员退社没有限制和要求有利于改善合作社治理绩效。

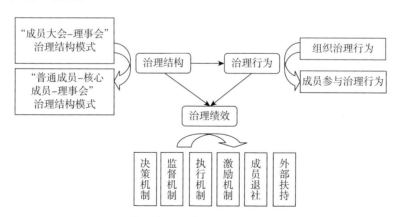

图 2 - 10　苹果合作社治理结构 – 行为 – 绩效关系

四 本章小结

　　本章以合作经济理论为指导，基于苹果合作社案例，以苹果合作社治理结构、治理行为和治理绩效为研究对象，在分析苹果合作社治理的内涵、外延、属性与分类基础上，揭示苹果合作社治理的目标。基于委托代理、利益相关者、交易成本和产权四个角度分析苹果合作社治理理论，构建苹果合作社治理结构、治理行为和治理绩效的逻辑分析框架，并提出有待科学验证的分析结论即假设，为后续研究奠定理论基础。

第三章 ◀

苹果合作社治理：状况、问题与成因

　　合作社治理产生的根源在于其所有权与控制权的分离。合作社治理的法律基础和逻辑构架是现代委托－代理关系，即全体成员通过成员大会选举产生理事会，形成以全体社员为委托人、理事会为代理人的委托－代理关系；理事会理事选举产生理事长，形成以理事会为委托人、理事长为代理人的委托－代理关系。该问题的核心在于如何设计最优的产权制度和治理结构，既能促使理事会按照全体社员的利益行事，又能有效防止大股东成员侵占中小股东成员利益。实践中我国多数合作社存在大股东控制问题，根据实地调研，41.67% 的苹果合作社存在大股东控制问题。[①] 大股东主导治理结构设置、控制理事会组成，极易导致普通成员权益被剥夺，并违反合作社经济参与的原则。[②] Fulton（1995）和 Cook（1995）认为合作社是财产权定义模糊的成员与投资者的集合，在合作社治理结构复杂的情景中，模糊的产权关系容易导致剩余索取权与决策控制权间的冲突，并诱发合作社治理困境，包括来源局限、视野问题投资组合问题以及外部性、退出壁垒及非市场配置资源问题（Jensen et al. , 1979；Vitaliano,

---

① 最大出资社员的出资占比为 50% 及以上。
② 1995 年，ICA 在英国召开成立 100 周年庆祝大会，并确定合作社六大原则，即资源和开放原则、民主管理原则、经济参与原则、自立和自主原则、教育培训信息传播原则和关心社区原则。

1983；Royer，1999）。可见，产权结构设计不合理容易导致合作社治理低效等问题，并表现为成员出资意愿及出资比例偏低、资本来源受限、严重的"搭便车"行为、资本稳定性低以及投资风险大。研究表明，合作社是提高农民组织化程度的基本农业组织方式，也是具有正外部效应的特殊市场主体，因而政府依法规制合作社治理结构及效果，是学术界研究的重要方面（任梅，2012）。在西方发达国家，政府扶持重点是为合作社独立、自主发展建立公共服务平台，营造良好的市场竞争环境，而不是强制性的行政干预（苑鹏，2009）。国鲁来（2006）总结其他国家农业合作组织政策的经验和教训，认为我国应该出台符合国情的农业合作社发展政策，从而降低政策援助成本，提高政策援助效率。政府需从立法、扶持瞄准机制和监管等方面推动合作社规范治理（崔宝玉等，2012），从而提高我国农业合作社治理水平。

以上分析表明，我国合作社数量扩张得非常快，但存在产权制度及治理结构设计不规范、政府规制缺乏有效性等突出问题。本章借鉴已有研究成果，以商品化和市场化程度较高的苹果合作社为案例，采用中国苹果优势区山东、山西、陕西3个主产省、11个县（市）的102家苹果合作社实地调研数据，运用描述性统计分析方法，分析苹果合作社治理结构、类型及存在的问题与成因，为优化苹果合作社治理结构提供依据。

一　苹果合作社治理类型

（一）合作社控制者角色划分

根据合作社控制者角色可将苹果合作社划分为政府主导型、企业主导型和能人带动型。根据实地调研，样本合作社中三种类型占比分别为1.96%、13.73%和84.31%，可知能人带动型合作社占比最大（见表3-1）。

表 3－1 政府、企业和能人主导类型合作社数量及占比

单位：个，%

主导模式	政府主导型		企业主导型		能人带动型		样本总计
	样本数	占比	样本数	占比	样本数	占比	
陕西	1	2.33	4	9.30	38	88.37	43
山西	1	5.26	0	0.00	18	94.74	19
山东	0	0.00	10	25.00	30	75.00	40
总计	2	1.96	14	13.73	86	84.31	102

（二）合作社主营业务类型划分

苹果合作社是种植业合作社中的一种，不同于养殖业合作社，这是由苹果长周期、高投资、高价值、商品化和高风险的产业属性决定的。根据合作社主营业务类型的不同可将苹果合作社划分为生产型合作社、营销型合作社、服务型合作社和综合型合作社。根据实地调研，样本合作社中四种类型占比分别为16.67%、8.82%、18.63%和55.88%，可知综合一体化类型的合作社占比最大（见表3－2）。

表 3－2 生产型、营销型、服务型和综合型合作社数量及占比

单位：个，%

主营业务	生产型		营销型		服务型		综合型		样本总计
	样本数	占比	样本数	占比	样本数	占比	样本数	占比	
陕西	7	16.28	4	9.30	9	20.93	23	53.49	43
山西	4	21.05	3	15.79	2	10.53	10	52.63	19
山东	6	15.00	2	5.00	8	20.00	24	60.00	40
总计	17	16.67	9	8.82	19	18.63	57	55.88	102

（三）合作社运行模式划分

根据合作社运行模式的不同，可将合作社划分为"合作社＋农户"（Ⅰ型）、"合作社＋基地＋农户"（Ⅱ型）、"（企业＋合作

社）＋农户"（Ⅲ型）、"（企业＋合作社＋基地）＋农户"（Ⅳ型）和"企业＋（合作社＋基地＋农户）"（Ⅴ型）。根据实地调研，样本合作社中五种类型占比分别为 20.59%、47.06%、1.96%、18.63% 和 11.76%，可知"合作社＋基地＋农户"类型合作社占比最大（见表 3-3）。

表 3-3　五种运行模式的合作社数量及占比

单位：个，%

运行模式	Ⅰ型		Ⅱ型		Ⅲ型		Ⅳ型		Ⅴ型		样本总计
	样本数	占比	样本数	占比	样本数	占比	样本数	占比	样本数	占比	
陕西	10	23.26	22	51.16	0	0.00	4	9.30	7	16.28	43
山西	4	21.05	12	63.16	1	5.26	1	5.26	1	5.26	19
山东	7	17.50	14	35.00	1	2.50	14	35.00	4	10.00	40
总计	21	20.59	48	47.06	2	1.96	19	18.63	12	11.76	102

二　苹果合作社治理中的问题

良好的合作社治理依赖于内部治理结构和外部环境的耦合与匹配，深受内部成员结构及外部组织环境的制约和影响（崔宝玉等，2012）。苹果合作社仍处于从初级发展向成熟期过渡的阶段，成员大会、理事会和经理人（理事长）作为合作社的所有者、管理者和惠顾者，在"成员大会-理事会"和"理事会-理事长"的双层委托代理关系中存在治理结构失范及政府规制越位和缺位等诸多问题。

（一）成员股权高度集中

股权结构是合作社治理的核心问题，股权结构分布是否合理关系到成员参与合作社的动力及合作社的持续发展。《合作社法》

仅规定成员按章程向合作社出资①，但并没有对全体成员中的股权结构进行明确限制。样本合作社中，股金在普通成员和核心成员中的分配极不平衡，最大出资成员的平均出资比例为53.62%（见表3-4、表3-5），前五大出资成员的平均出资比例为76.18%（见表3-6、表3-7），由此可知，在苹果合作社中，成员股权结构高度集中。法律规定合作社应遵循的原则之一为盈余主要按照成员与农民专业合作社的交易量（额）比例返还。②50.00%的样本合作社没有盈余利润分配，主要按交易量（额）分配盈余利润的样本合作社仅占22.00%，24.00%的样本合作社主要按股份或出资额分配盈余利润（见表3-8）。合作社股权主要集中在大股东，因此盈余利润主要在大股东中进行分配，普通成员收益权无法得到保证，降低了合作社对成员的凝聚力和吸引力及普通成员参与合作社治理的积极性，并且可能导致普通成员的退社行为，不利于合作社资本的稳定性，降低合作社治理效率。

表3-4　样本合作社最大出资成员的出资情况

出资情况	有效样本数	均值	标准误	最小值	最大值
出资额（万元）	99	157.69	212.16	0.10	880
出资比例（%）	99	53.62	32.63	0.44	100

表3-5　样本合作社最大出资成员出资比例分布情况

出资占比（%）	陕西（个）	山西（个）	山东（个）	总计（个）	占比（%）
[0, 10]	1	2	3	6	6.06
(10, 20]	8	5	4	17	17.17
(20, 30]	3	0	7	10	10.10
(30, 40]	5	3	4	12	12.12
(40, 50]	4	1	2	7	7.07

---

① 《合作社法》第十八条。
② 《合作社法》第二条。

出资占比（%）	陕西（个）	山西（个）	山东（个）	总计（个）	占比（%）
(50，60]	3	1	1	5	5.05
(60，70]	2	0	5	7	7.07
(70，80]	3	0	2	5	5.05
(80，90]	4	1	3	8	8.08
(90，100]	9	6	7	22	22.22
总计	42	19	38	99	100.00

表 3-6　样本合作社前五大出资成员的出资情况

出资情况	有效样本数	均值	标准误	最小值	最大值
出资额（万元）	99	210.87	250.88	0.50	1300
出资比例（%）	99	76.18	27.52	1.32	100

表 3-7　样本合作社前五大出资成员出资比例分布情况

出资占比（%）	陕西（个）	山西（个）	山东（个）	总计（个）	占比（%）
[0，10]	1	0	0	1	1.01
(10，20]	0	1	1	2	2.02
(20，30]	2	1	5	8	8.08
(30，40]	0	1	2	3	3.03
(40，50]	3	3	1	7	7.07
(50，60]	1	1	5	7	7.07
(60，70]	2	0	1	3	3.03
(70，80]	7	0	3	10	10.10
(80，90]	5	2	5	12	12.12
(90，100]	21	10	15	46	46.46
总计	42	19	38	99	100.00

表 3 - 8　样本合作社盈余利润分配方式

单位：%

盈余利润分配方式	频数	占比
按交易量（额）分配	11	11.00
按股份或出资额分红	19	19.00
交易量（额）与股份分配相结合，两者相当	2	2.00
交易量（额）与股份分配相结合，以按交易量（额）分配为主	11	11.00
交易量（额）与股份分配相结合，以按股份分配为主	5	5.00
利润在社员中平均分配	2	2.00
刚成立农民专业合作社，还没有利润分配	11	11.00
只提供技术、信息等服务，各户经营，合作社没有利润分配	39	39.00
总计	100	100.00

　　作为所有者、管理者和惠顾者的全体成员所组成的成员大会是合作社的最高权力机构。① 大会开会次数、参会人数及表决方式反映了成员在合作社选举和决策中所起作用的大小。样本合作社中，成员大会的平均开会次数是 3.38 次，平均参会人数是 166.35 人（见表 3 - 9），但开会内容主要是技术培训或交流苹果种植技术，而不是针对合作社的民主管理和利益分配等重大决策。根据实地调研，成员（委托人）并不清楚其在合作社中的权力和责任分布，没有选择理事会（代理人）的权力，即使有权也是大股东控制下形式化的选举和决策，更难以监督理事会（代理人）的努力水平，因此成员大会的实力相对较弱，并没有对理事会、监事会和经营管理人员形成有效的权力限制和利益制衡。

---

　　① 《合作社法》第二十二条。

表 3 – 9   样本合作社成员大会会议次数和参会人数情况

会议情况	省份	有效样本数	均值	标准误	最小值	最大值
开会 次数（次）	陕西	42	3.55	2.72	0	16
	山西	19	4.05	5.16	0	20
	山东	39	2.87	1.84	1	12
	总计	100	3.38	3.07	0	20
参会 人数（人）	陕西	41	118.29	95.30	8	500
	山西	18	255.61	695.43	10	3000
	山东	39	175.67	169.89	15	800
	总计	98	166.35	319.84	8	3000

（二）理事会主导决策权

理事会既是"成员大会 – 理事会"关系中的代理人，又是"理事会 – 理事长"关系中的委托人，对合作社治理具有承上启下的作用。理事会成员通过成员大会从本社成员中选举产生，依照《合作社法》和章程规定行使职权，对成员大会负责。[①] 根据实地调研，99.02% 的样本合作社设立理事会，理事会成员人数和会议次数平均为 5.40 人和 4.78 次（见表 3 – 10），但理事会会议内容多与苹果种植技术和合作社经营业务相关，而较少涉及合作社民主管理、民主决策或聘任专业经营管理人才等内容。66.00% 的样本合作社理事会实行"一人一票"的表决方式，但在实际决策过程中，理事会成员才是合作社决策主体，即使在少数合作社中普通社员参与决策，由于理事会成员股权比例较高，其决策权仍占主导地位，"内部人控制"现象普遍存在，从而使合作社民主管理与民主决策形式化。在"成员大会 – 理事会"的委托代理关系中，理事会的实力明显强于成员大会，对合作社拥有相对较大的控制权，使合作社治理陷入代理人控制的困境。

---

① 《合作社法》第二十六条。

表 3 - 10　样本合作社理事会成员人数、会议次数和出资情况

理事会情况	省份	有效样本数	均值	标准误	最小值	最大值
成员数（人）	陕西	42	5.76	2.81	2	19
	山西	19	4.95	1.58	1	8
	山东	40	5.23	1.93	2	12
	总计	101	5.40	2.29	1	19
会议次数（次）	陕西	42	5.29	6.24	1	30
	山西	17	5.00	9.40	1	40
	山东	38	4.13	2.91	1	12
	总计	97	4.78	5.91	1	40
出资比例（%）	陕西	37	72.69	29.99	6.40	100.00
	山西	16	79.01	30.15	15.00	100.00
	山东	35	64.45	32.82	0.00	100.00
	总计	88	70.56	31.30	0.00	100.00

　　合作社所有者、管理者和惠顾者的角色是同一的，更需要监事会或执行监事对合作社治理过程进行监督。法律规定合作社可以设执行监事或监事会，理事长、理事、经理和财务会计人员不得兼任监事，并依照《合作社法》和章程规定行使职权。① 根据实地调研，90.20% 的样本合作社设立监事会或执行监事，监事会成员人数和会议次数平均为 3.25 人和 2.87 次（见表 3 - 11），70% 的样本合作社中理事会与监事会同时召开，致使监督机制失效，成员权益难以得到保障。17 家样本合作社理事会成员与监事会成员重合，占设立监事会的样本合作社（92 家）的 18.48%，理事会成员兼任监事说明苹果合作社治理过程中存在操作不规范、不合理问题，导致监督机制失效。

---

　　① 《合作社法》第二十六条。

表 3 - 11　样本合作社监事会成员人数、会议次数和出资情况

监事会情况	省份	有效样本数	均值	标准误	最小值	最大值
成员数（人）	陕西	40	3.03	1.66	1	10
	山西	16	3.06	1.57	1	6
	山东	36	3.58	2.05	1	12
	总计	92	3.25	1.81	1	12
会议次数（次）	陕西	32	2.56	1.72	1	10
	山西	10	4.60	4.88	1	15
	山东	26	2.58	1.21	1	6
	总计	68	2.87	2.37	1	15
出资比例（%）	陕西	41	11.12	17.58	0.00	72.46
	山西	16	9.59	18.97	0.00	60.00
	山东	39	10.62	18.38	0.00	89.60
	总计	98	10.46	17.82	0.00	89.60

（三）理事长职权超越理事会

理事长是合作社治理的核心，对合作社民主决策和经营管理具有至关重要的作用。法律规定合作社设理事长一名，且为本社法定代表人。[①] 理事会授权理事长为代理人对合作社进行经营管理，理事会和理事长之间存在以理事会为委托人、理事长为代理人的委托代理关系，即理事会的职权要大于理事长。但根据实地调研，理事长的职权远大于理事会，不利于合作社民主管理和民主决策，并且权力高度集中易导致机会主义行为。样本合作社中，理事长的出资比例平均为 44.56%（见表 3 - 12、表 3 - 13），由此可知，理事长股权高度集中，更易导致大股东成员的机会主义行为，损害普通成员利益。

————————

① 《合作社法》第二十六条。

表 3 - 12　样本合作社理事长个人出资情况

出资情况	有效样本数	均值	标准误	最小值	最大值
出资额（万元）	100	132.65	189.70	0.10	880
出资占比（%）	97	44.56	0.32	0.02	100.00

表 3 - 13　样本合作社理事长个人出资比例分布情况

出资比例（%）	陕西（个）	山西（个）	山东（个）	合计（个）	占比（%）
(0, 1]	3	0	3	6	6.19
(1, 5]	2	1	2	5	5.15
(5, 10]	3	0	1	4	4.12
(10, 20]	5	6	3	14	14.43
(20, 30]	7	1	6	14	14.43
(30, 40]	3	3	4	10	10.31
(40, 50]	4	1	3	8	8.25
(50, 100]	13	7	16	36	37.11
总计	40	19	38	97	100

样本合作社中，理事长平均任期时间 4.86 年，男性占比94.06%，平均年龄 48.50 周岁，平均受教育年限 10.73 年，党员占比 59.41%，其身份多为村干部、种植大户或果商经纪人等。由此可知，理事长任期时间较长，多男性，年龄偏大，文化程度多处于高中水平，党员比例较高，多具有显著企业家精神，在成员中具有较高威望。理事长任期时间长，年龄偏大不利于合作社的专业经营管理和创新发展，导致合作社难以跳出低效治理模式。

（四）政府扶持政策和监管措施缺位

政府规制是苹果合作社外部治理环境的重要组成部分。在中国当前市场体制不健全、要素市场不完善的特定阶段，合作社作为一种弱势群体的组织需要寻求政府的支持和保护；对这种保护与被保护的关系，双方都有需求，这是从经济利益角度进行理性选择所达成的交易（任梅，2012）。法律对合作社的项目、中央和地方财政、金融以及税收等方面的扶持政策做出了相关规定。①但在合作社治理实践中，在合作社的人才扶持、资金扶持、产销扶持及政府监管方面存在政府规制缺位的问题。

1. 政府扶持政策缺位

在人才扶持方面，合作社普遍缺乏专业经营管理人才，但政府并没有针对性的人才扶持政策，仅有 20.20% 的样本合作社所在地区政府有专业经营管理人才扶持政策②（见表 3 – 14）；在人才培训方面，94.95% 的样本合作社相关人员参加过政府举办的苹果种植技术培训和合作社管理培训（见表 3 – 15）。两种培训相比较，苹果种植技术培训效果较好，而合作社管理培训效果并不理想。合作社管理人员参加合作社管理培训后由于其人力资本限制，很难将培训内容应用于合作社治理实践中，不利于合作社的规范治理和有效发展。

表 3 – 14　样本合作社的人才扶持政策情况

单位：%

是否有人才扶持政策	陕西		山西		山东		总计	
	频数	占比	频数	占比	频数	占比	频数	占比
是	9	21.43	7	36.84	4	10.53	20	20.20
总计	42		19		38		99	100.00

表 3 – 15　样本合作社的政府技术扶持政策

参加培训	陕西（个）	山西（个）	山东（个）	总计（个）	占比（%）
是	40	18	36	94	94.95
办社指导培训平均参加次数（次）	3.58	2.41	2.89	3.10	
种植技术培训平均参加次数（次）	6.05	4.76	6.67	6.05	

---

① 《合作社法》第四十九、五十、五十一和五十二条。
② 包括政府帮助合作社引荐高学历经营管理人才等。

在资金扶持方面，由于合作社不以营利为目的，其资金来源成为制约合作社发展的瓶颈，这就需要政府给予相关的政策扶持，但仅有 48.48% 的样本合作社享受过政府的财政资金扶持（见表 3 - 16）①，13.13% 的样本合作社享受过政府的金融信贷扶持（见表 3 - 17）②。

表 3 - 16　样本合作社的政府财政扶持政策

单位：%

	陕西		山西		山东		总计	
	频数	占比	频数	占比	频数	占比	频数	占比
有财政扶持政策	27	64.29	10	52.63	11	28.95	48	48.48
总计	42		19		38		99	

表 3 - 17　样本合作社的政府金融扶持政策

是否有金融扶持		陕西	山西	山东	总计	占比（%）
	是	0	0	1	1	13.13
扶持方式	无息贷款	8	2	3	13	
	贴息贷款	2	0	0	2	
	协调贷款	6	1	2	9	
	其他（财政担保贷款）	0	1	0	1	

在产销扶持方面，88.89% 的样本合作社享受过政府的物资或设备补贴（见表 3 - 18）③；68.69% 的样本合作社享受过政府的销售品牌扶持（见表 3 - 19）④；51.52% 的样本合作社享受过政府的技术推广项目扶持（见表 3 - 20）。根据实地调研，竞争力越强的合作社越容易获得政府的扶持政策，反之则很难获得，因

---

① 包括中央、省级和市县乡级资金补贴等。
② 包括无息贷款、贴息贷款或财政担保等。
③ 包括农资补贴、农机补贴、冷库建设补贴、加工设备补贴或公共设施建设补贴等。
④ 包括支持参加农产品展销会、提供市场信息或市场营销咨询、支持商品品牌注册、支持直销窗口建设或支持有机、绿色、无公害认证等。

此造成合作社"强者愈强，弱者愈弱"的困境。

表 3-18 样本合作社的物资设备补贴情况

是否有物资、设备补贴		陕西（个）	山西（个）	山东（个）	总计（个）	占比（%）
	是	40	13	35	88	88.89
补贴方式	农资补贴	14	7	9	30	
	免费技术培训	36	13	34	83	
	农机补贴	20	2	5	27	
	冷库建设补贴	11	4	2	17	
	基础设施建设补贴	3	1	4	8	
	其他	0	0	1	1	

注：①补贴扶持不只是一种方式；②其他包括包装设备补贴，杀虫灯、黏虫板等补贴。

表 3-19 样本合作社的销售扶持政策情况

是否有销售、品牌扶持		陕西（个）	山西（个）	山东（个）	总计（个）	占比（%）
	是	31	12	25	68	68.69
扶持方式	组织参加展销会	21	11	17	49	
	提供市场信息	24	9	24	57	
	帮助注册商标	0	5	4	9	
	扶持窗口建设	9	0	0	9	
	帮助认证	6	8	3	17	
	其他（电子商务方面扶持）	1	0	0	1	

表 3-20 样本合作社的政府项目扶持政策

单位：%

	陕西		山西		山东		总计	
	频数	占比	频数	占比	频数	占比	频数	占比
有项目扶持政策	27	64.29	8	42.11	16	42.11	51	51.52
总计	42		19		38		99	

2. 政府监管体系不健全

为促进合作社规范运行，政府需要经常对合作社财务、民主管理和运行制度等方面进行监管（崔宝玉、刘峰，2013）。但在实地调研中，政府既没有成立专门的合作社监管机构，也没有制定科学的监管流程、监管标准，甚至在监管内容和监管方法上模糊不清，政府对合作社的外部监管体系严重缺失。

根据实地调研，仅有 51.52% 的样本合作社向政府相关部门报送年度财务报告、工作总结并进行审计（见表 3 - 21）。86.00% 的样本合作社按照《合作社法》和《农民专业合作社财务管理制度》的规定制定了财务会计制度，但由于缺乏政府监管，合作社并没有严格执行规章制度，使制度形同虚设。个别样本合作社即使报送年度财务报告，其账务也是为了应付政府检查验收或获取项目扶持而临时制作的。

表 3 - 21　样本合作社是否报送年度财务报告、工作总结并进行审计的相关情况

单位：%

	陕西		山西		山东		总计	
	频数	占比	频数	占比	频数	占比	频数	占比
报送	23	54.76	11	57.89	17	44.74	51	51.52
总计	42		19		38		99	

三　苹果合作社治理中的问题剖析

徐旭初（2005）将合作社的"理想类型"描述为：成员完全同质、成员均等持股、成员自愿进出、一人一票、理事会和监事会成员从成员中选举产生、成员的资本金不享受分红、提取一定量的公共积累、完全根据惠顾额返回盈余。而吴彬（2014）则提出"三位一体"的合作社"理想类型"，即成员资格的同质性、成员角色的同一性和治理结构的耦合性。治理结构失范与政府规

制缺位决定苹果合作社仍处于初级发展向成熟期过渡阶段，与合作社的"理想类型"相去甚远，本章认为以下因素是影响苹果合作社治理低效的重要因素。

（一）产权制度设计不合理

合作社是一种成员联合所有的经济组织，成员拥有正式控制权（Hendrikse，2005），成员参与合作社的根本目的是获得经济利益的增长，因而合作社所有权、管理权和惠顾权同一的产权结构是其制度安排的核心。《合作社法》对公共产权和个人产权的初步界定体现了对农民在合作社中主体地位的保护。但《合作社法》是一部规范性立法而不是强制性立法，基于所有权、管理权和惠顾权的同一及"成员大会－理事会"与"理事会－理事长"的双层委托代理关系，多数合作社并未设计制定合理的决策机制、监督机制以及利益分配与制衡机制。产权设计不合理导致出现合作社核心成员"内部人控制"问题、普通成员"搭便车"行为以及成员利益冲突与利益侵占问题，同时导致合作社对相关利益主体的激励约束不足，易产生核心成员的机会主义行为，降低了合作社对成员的凝聚力和吸引力以及成员参与合作社治理的积极性，导致理事会主导决策权、监事会监督机制失效，理事长职权和股权高度集中。

（二）成员异质性问题突出

合作社成员的异质性主要表现在个人特征异质性和资源禀赋异质性，个人特征异质性主要体现在合作社成立时的发起人个人禀赋和成立后的管理者的管理方式、决策水平（韩喜平、李恩，2011），资源禀赋异质性主要体现在自然资源、资本资源、人力资源和社会资源。林坚和黄胜忠（2007）指出成员结构的异质性是由不同参与主体的资源禀赋、参与目的以及角色差异决定的，合作社的产权安排必然会受到成员结构异质性的影响。在合作社治理实践中，少数核心成员拥有资本、人力和社会关系等稀缺的关键要素，而普通成员的资本、人力和社会关系资源极其稀缺，使合作社的主要剩余索取权和剩余控制权掌握在核心成员手中，其外在体现就是核心成员拥有合作社的多数财产所有权并掌握合作社的惠顾权和管理权，而普通成员参与合作社治理的决策能力和监督能力有限，其权益易受侵犯，他们既没有机会参与分红，也没有享受二次返利，如果因监督代理的收益不能弥补其实施监督付出的成本，那么作为理性经济人的普通社员就不会采取监督行动（杨灿君，2016），因此成员大会很难对理事会、监事会和经营管理人员形成有效的利益和权力制衡。

（三）法律及政策规制不完善

政府的行政权和合作社的发展权之间不相匹配，政府行政权太强，合作社发展权太弱，加之存在产权制度设计不合理、成员异质性等问题，成员权益易被剥夺、绑架甚至丧失，《合作社法》的规制功能难以得到有效发挥。法律赋予合作社较低的市场准入门槛、优惠的税费及金融、财政、项目扶持政策，以支持农民的组织权和发展权，但在合作社治理实践中，此类权利被某些涉农企业"绑架"，使弱势群体在市场竞争中的组织权和发展权被强势群体剥夺，并导致此类企业和其他没有享受合作社优惠政策的同类涉农企业间不公平竞争，即产生"双重负效应"。这一方面是因为政府、企业主导成立的合作社具有较大的规模、充足的资本和丰富的社会资源；另一方面由于扶持资金有限，扶持实力较强的合作社建立普惠制的扶持机制或建立一个更严密的遴选机制的行政成本要低很多（"建设社会主义新农村目标、重点与政策研究"课题组，2009）。但大部分实力相对较弱的合作社很难得到政府扶持（崔宝玉等，2012）。此外，政府并未建立合理有效的合作社监管体系，难以对合作社的成立条件、民主管理和运行制度等方面进行审查监管。

（四） 市场缺乏有效性

透明、规范的市场运行是合作社法人治理结构发挥功能的关键（张满林，2007）。农村合作组织是市场经济的产物，也是推进农村市场进程的有效途径（苑鹏，2001），良好的市场竞争环境和经济发展水平为合作社的形成和发展提供人力和财力等方面的支持，有利于提高合作社治理效率。但在中国农村经济发展过程中，由于市场监督缺失和法制观念淡薄，相关人员常通过政治压力、影响和关系来解决利益冲突（张满林，2007），这不利于合作社治理的规范性和功能的有效发挥。合作社靠成员自身出资而积累的资本非常有限，这是由合作社是弱势群体的经济组织所决定的。由于合作社受到组织治理结构不完善、健全完善的财务制度以及农业风险较大等方面因素制约，农村金融机构出于资金安全考虑，对合作社贷款趋于保守状态（张满林，2007）。由于受资金制约，合作社很难进行技术创新、品牌销售、引进专业经营管理人才等经济活动，从而限制了合作社的规范化治理和持续性发展。

四　本章小结

本章采用中国苹果优势区三省、102 家苹果合作社实地调研数据，以概念分析为基础，对不同类型苹果合作社的成员大会、理事会、监事会、经理人（理事长）以及政府政策规制的治理状况进行描述性统计分析。研究发现，合作社治理中成员股权结构高度集中，作为委托方的成员大会实力较弱；理事会主导合作社的决策权，监事会监督机制失效；理事长任职资格缺乏规范性，其职权范围大于理事会，且股权高度集中；政府扶持政策和监管措施缺位。由此可知，存在成员大会、理事会、监事会功能缺失或不健全，民主管理、民主决策形式化等问题，问题的原因在于产权制度设计不合理、成员异质性、法律及政策规制不完善以及市场缺乏有效性。

第四章 ◀
苹果合作社治理结构比较分析

　　农民合作社治理之所以备受关注，根源在于其所有权与经营权的分离，特别是所有权与实际控制权的分离。合作社治理的法律基础和逻辑构架是现代委托－代理关系，即通过成员大会选举产生理事会，形成以全体成员为委托人、理事会为代理人的委托－代理关系；合作社理事会理事选举产生理事长，形成以理事会为委托人、理事长为代理人的委托－代理关系。但在实践治理结构中，合作社成员在股权结构及资源禀赋方面的差异，导致成员分化为核心成员和普通成员，进而导致普遍存在权利被剥夺、经营管理者实际控制合作社以及利益冲突等问题。因此，克服合作社治理结构问题的核心在于如何设计最优的产权制度和合理的治理结构，以便既能促使理事会遵从全体成员权利及利益诉求经营管理合作社，又能有效防止合作社的大股东（本书将这类大股东型合作社成员定义为核心成员，下同）侵害、侵占中小股东（即普通成员）的利益。

　　本章从委托代理关系角度，以苹果合作社为案例，探究"成员大会－理事会"和"普通成员－核心成员－理事会"两个层级的合作社治理结构设计与运行机理，解析其中的问题及成因，寻找有效的解决方案，为优化基于中国现实农业市场情境的合作社治理结构、改善合作社治理绩效提供理论依据。从委托代理关系角度，构建"成员大会－理事会"和"普通成员－核心成员－理事会"两种合作社治理结构模式，以苹果合作社为案例，比较分析合作社治理结构模式的治理效果、存在的问题及优化路径。

一 合作社治理结构文献回顾

学术界基于合作社治理结构的委托代理关系研究表明，具有共同利益的成员之间的联合与合作是合作社有效运行的基础（Hakelius，1996），但合作社内部由于委托代理扭曲关系广泛存在，成员权益易受到经理人员和大股东侵犯，成员间由于在年龄及职业背景、受教育年限与测度、资源禀赋、个人能力方面具有异质性，所以存在利益冲突（Iliopoulos and Cook，1999；USDA，2002）。Spear（2004）认为，合作社广泛存在管理者控制问题，经理人员与合作社外部利益相关者的联系较弱，合作社内部成员的参与程度较低，因而容易导致经理人员的机会主义倾向。由于受合作社章程（即合作契约）约束和股权交易市场缺失，合作社成员难以对管理者行为进行有效监督，导致管理人员的机会主义行为和较高的代理成本（Vitaliano，1983；Staatz，1987；Royer，1999）。在中国现实国情中，由于成员股权结构设计不均等①和成员资源禀赋存在较大异质性②，核心成员与普通成员分化，因而合作社委托代理关系问题更加突出，而且主要表现在少数核心成

---

① 根据笔者 2015 年 7~9 月在山东、山西和陕西调研数据的统计情况，在 101 个样本苹果合作社中，合作社股权结构高度集中，其中理事会股权比例平均为 70.55%，理事长平均为 47.26%，最大股东平均为 53.81%，但监事会平均为 10.80%，普通成员（除前五大出资人以外其他成员的总股权比例）平均仅为 25.33%。

② 根据笔者 2015 年 7~9 月在山东、山西和陕西调研数据的统计情况，在 538 个样本合作社成员中，在人力资本方面，成员受教育程度异质性明显，未上过学占比 1.30%，受教育年限 1~6 年（小学）占比 21.93%，7~9 年（初中）占比 56.13%，10~12 年（高中）占比 19.52%，13~15 年（大专及以上）占比 1.12%；在社会资本方面，成员社会经历异质性明显，样本中普通农户有 338 个，村委会干部 79 个，党员 93 个，苹果经纪人 91 个，合作社干部 56 个，不同身份特征使其掌握不同社会关系和社会资本（注：同一成员可能具有多重身份特征）。

员控制下普通成员与核心成员、核心成员与理事会间的双重委托代理关系方面（黄胜忠等，2007；马彦丽、孟彩英，2008）。崔宝玉（2011）强调，合作社治理中极易产生大农与小农间的委托代理关系问题，并建议从民主治理和信任关系视角，减少大农的机会主义行为，弱化大农与小农间的委托代理问题。

以上分析表明，理论界高度重视从成员异质性与委托代理关系角度，研究合作社治理结构及效率问题，但对合作社治理结构的理论模式与实践模式间的差异关注不够。多数研究通常关注合作社治理的某种特定模式，或针对治理结构模式的某一特定问题做出政策推论，而忽视了不同合作社治理结构模式之间的联系、区别及有效性问题。有效的合作社治理结构模式可提高成员参与合作社治理的积极性，促进合作社民主管理，改善合作社治理绩效，带动成员增加收入。另外，可降低合作社组织成本及市场交易成本，并提高合作社内部治理效率和市场谈判竞争能力。可见，有效的合作社治理结构模式是合作社规范治理的基础，对提高农户组织程度具有重要意义。

二 合作社委托代理关系的两种逻辑构架

（一）"成员大会 - 理事会"模式

"理想型"合作社具有成员角色同一性、成员资格同质性和治理结构耦合性等特征（吴彬，2014：58~67）。"成员大会 - 理事会"合作社治理结构模式如图 4 - 1 所示。

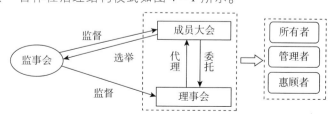

图 4 - 1 "成员大会 - 理事会"合作社治理结构模式的逻辑构架

用 A 表示理事会所有可选择的行动组合，$a \in A$ 表示理事会一个特定行动，并假定 a 是代表努力水平的一维变量，a' 表示不同于实现规划最优条件下的代理人行动。令 θ 是不受成员大会和理事会控制的外生随机变量，且 $\theta \in \Theta$、$G(\theta)$ 和 $g(\theta)$ 是 θ 的分布函数和密度函数。在理事会选择行动 a 后，外生变量 θ 实现。a 和 θ 共同决定一个可观测结果 $x(a, \theta)$ 和一个货币产出 $\pi(a, \theta)$。[①] 假定 π 是 a 的严格递增凹函数，即给定 θ，理事会成员工作越努力，产出越高，但努力的边际产出率递减，π 是 θ 的严格增函数，即较高的 θ 代表较有利的自然状态。成员大会的问题是设计一个激励合同 $s(x)$，根据观测到的 x 对理事会成员的努力水平进行奖惩。

假定成员大会与理事会的冯·诺依曼－摩根斯坦效用函数分布为 $v[\pi - s(x)]$ 和 $\mu[s(\pi)] - c(a)$，其中 $v' > 0$，$v'' \leq 0$；$\mu' > 0$，$\mu'' \leq 0$；$c' > 0$，$c'' > 0$，即成员大会与理事会都是风险规避者或风险中性者，努力的边际负效用是递增的。成员大会与理事会的利益冲突首先来自假设 $\partial \pi / \partial a > 0$ 和 $c' > 0$，$\partial \pi / \partial a > 0$ 意味着成员大会希望理事会多努力，而 $c' > 0$ 意味着理事会希望少努力。因此，除非成员大会能对理事会提供足够的激励，否则，理事会不会如全体成员希望的那样努力工作。假定 $G(\theta)$、$x(a, \theta)$ 和 $\pi(a, \theta)$ 及效用函数 $v[\pi - s(x)]$ 和 $\mu[s(\pi)] - c(a)$ 都是共同知识。

将上述自然状态 θ 的分布函数转换为结果 x 和 π 的分布函数，给定 θ 的分布函数 $G(\theta)$，对应每一个 a，存在一个 x 和 π 的分布函数，新的分布函数通过 $x(a, \theta)$ 和 $\pi(a, \theta)$ 从原分布函数 $G(\theta)$ 导出，用 $F(x, \pi, a)$ 和 $f(x, \pi, a)$ 分别代表导出的分布函数和对应密度函数。成员大会的问题是选择 a 和 $s(x)$ 最大化期望效用函数，用分布函数参数化方法可表述如下。

————————————

① 其直接所有权属于全体成员。

$$\max_{a,s(x)} \int v(\pi - s(x)) f(x,\pi,a) dx \tag{4.1}$$

$$s.t. \ (IR) \int \mu(s(x)) f(x,\pi,a) dx - c(a) \geq \bar{\mu} \tag{4.2}$$

$$(IC) \int \mu(s(x)) f(x,\pi,a) dx - c(a) \geq \int \mu(s(x)) f(x,\pi,a') dx - c(a'), \forall a' \in A \tag{4.3}$$

式（4.2）中$\bar{\mu}$表示理事会的保留效用，即理事会接受合同中得到的期望效用不能小于不接受合同时能够得到的最大期望效用。

假定理事会的行动a可观察，理事会的激励约束条件无效，给定理事会的努力程度a，构造拉格朗日函数：$L(x,\pi) = \int v(\pi - s(x)) f(x,\pi) dx + \lambda [\int \mu(s(x)) f(x,\pi) dx - \bar{\mu}]$对$s$求导，即$\frac{\partial L}{\partial s} = 0$，该函数的一阶条件为：$\frac{v'(\pi - s^*(x))}{\mu'(s^*(x))} = \lambda$。

最优化一阶条件表明成员大会与理事会收入的边际效用之比为常数，说明不同收入状态下边际替代率对成员大会与理事会相同，因此，在该治理结构模式中，成员大会与理事会的委托代理关系达到帕累托最优。

（二）"普通成员－核心成员－理事会"模式

核心成员是合作社治理结构的重要组成部分。合作社是对市场交易中谈判权力垄断者的抗衡力量（任大鹏、郭海霞，2008），是分散农户将外部服务"内部化"的重要组织形式（崔宝玉，2011）。一些具有企业家精神的大农户具有资本、营销渠道和社会关系等关键生产要素，有能力将弱势群体组织起来以集体形式参与市场竞争，这些大农户成为合作社核心成员。但当核心成员与普通成员发生利益冲突时，核心成员作为理性经济人有其自身的利益诉求，可能会采取机会主义行为，利用其实际控制权侵占普通成员利益。

普通成员由于缺少资本、销售渠道、社会关系、经营管理能力等关键生产要素且生产规模一般较小，参与监督合作社治理成本较高，不得不采取"搭便车"行为。盈余主要按照成员与合作社交易量（额）比例返回[1]，但由于核心成员生产规模一般较大，与合作社的交易量（额）远远大于普通成员与合作社的交易量（额），核心成员获取了合作社大部分盈余，而普通成员仅获得技术、农资或销售等相关服务，而从合作社获得的盈余返还很少，降低了普通成员参与合作社治理的积极性。

合作社成员分化是由于成员股权结构设计不均和成员资源禀赋存在较大异质性。就监督理事会经营管理而言，实力较弱且股权较小的普通成员的监控成本高于监控收益，因此他们会采取"搭便车"行为，成员大会与理事会之间的委托代理问题转化为核心成员与理事会之间的委托代理问题。由于核心成员与普通成员存在共同利益，核心成员代表全体成员的利益监督合作社理事会的经营管理活动，但同时核心成员会将其所获得的一定数量租金（核心成员侵占普通成员利益的数量）纳入自己的目标函数。由此可知，在该治理结构模式中，核心成员兼具代理人和委托人的双重身份特征。"普通成员－核心成员－理事会"治理结构模式如图4－2所示。

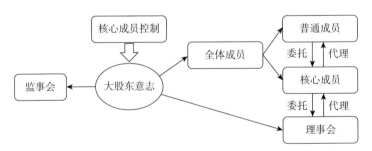

图4－2　"普通成员－核心成员－理事会"治理结构模式的逻辑构架

---

[1] 《合作社法》第三条。

在核心成员与理事会的委托代理关系中，核心成员（委托人）的问题是选择 a 和 $s(x)$ 最大化期望效用函数及租金，满足参与约束（IR）和激励相容（IC），即：

$$\max_{a,s(x)}\int\varphi(t_1(\pi-s(x)))f(x,\pi,a)dx+r \tag{4.4}$$

$$s.t.(IR)\int\mu(t_2s(x))f(x,\pi,a)dx-c(a)\geqslant\bar{\mu} \tag{4.5}$$

$$(IC)\int\mu(t_2s(x))f(x,\pi,a)dx-c(a)\geqslant\int\mu(t_2s(x))f(x,\pi,a')dx-c(a'),\forall a'\in A \tag{4.6}$$

式（4.4）、（4.5）、（4.6）中，r 表示租金，即核心成员侵占普通成员利益的数量，t_1 表示核心成员的持股比例，t_2 表示理事会成员的持股比例，$\varphi(\cdot)$ 表示核心成员的效用函数，$\mu(\cdot)$ 表示理事会的效用函数，$\bar{\mu}$ 表示理事会的保留效用。

假定理事会的行动 a 可观察，理事会的激励约束条件无效，给定理事会的努力程度 a，构造拉格朗日函数：

$$L(x,\pi)=\int\varphi(t_1(\pi-s(x)))f(x,\pi)dx+r+\delta$$
$$[\int\mu(t_2s(x))f(x,\pi)dx-\bar{\mu}]$$

对 s 求导，即 $\frac{\partial L}{\partial s}=0$，该函数的一阶条件为：$\dfrac{\varphi'(\pi-s^*(x))}{\mu's^*(x)}=\dfrac{\delta t_2}{t_1}$。

最优化一阶条件表明核心成员与理事会收入的边际效用之比为 $\delta t_2/t_1$，与理事会和核心成员股权结构比成正比，说明不同收入状态下边际替代率与核心成员和理事会的股权结构有关，因此在"核心成员-理事会"委托代理关系中，核心成员与理事会的股权结构相等时，其委托代理关系达到帕累托最优。

普通成员与核心成员委托代理关系产生于合作社成员之间。要求普通成员能够对核心成员实施有效监督，核心成员控制合作社并履行监督理事会经营管理活动的职能可以降低理事会经营管理的代理成本。核心成员的监督是有成本的，合作社需要补偿核心成员监督理事会经营管理的付出。但在理性经济人假设的前提下，核心成员在掌握实际控制权的同时可能会采取机会主义倾向，因此普通成员需要设计合理的激励合同以保护自己的利益不受侵占或受损最小化。普通成员（委托人）设计激励合同的目的使其自身利益不受核心成员侵占或受损最小化，选择 e 和 $w（r）$ 最大化期望效用函数，满足参与约束条件（IR）和激励相容条件（IC），即：

$$\max_{e, w(r)} \int \rho(r - w(r)) f(r, e) dr \qquad (4.7)$$

$$s. t. (IR) \int \beta(w(r)) f(r, e) dr - m(e) \geqslant \bar{\delta} \qquad (4.8)$$

$$(IC) \int \beta(w(r)) f(r, e) dr - m(e) \geqslant \int \beta(w(r)) f(r, e') dr - m(e'), \forall e' \in E$$
$$(4.9)$$

式（4.7）、（4.8）、（4.9）中，e 表示核心成员监督理事会经营管理的努力水平，m 表示核心成员监督理事会经营管理付出的成本，r 表示租金，即核心成员侵占普通成员利益的数量，$w（r）$ 表示普通成员为保护自身利益不受侵占所设计的激励合同，$\rho（\cdot）$ 表示普通成员的效用函数，$\beta（\cdot）$ 表示核心成员的效用函数，$\bar{\delta}$ 表示核心成员接受激励合同的保留效用。

假设核心成员监督理事会经营管理的努力水平 e 可观察，核心成员的激励约束条件无效，给定核心成员的努力水平 e，构造拉格朗日函数：

$$L(r) = \int \rho(r - w(r)) f(r, e) dr + \eta \left[\int \varphi(w(r)) f(r, e) dr - m(e) - \bar{\varphi} \right]$$

对 w 求导，即 $\frac{\partial L}{\partial w} = 0$，该函数的一阶条件为：$\dfrac{\rho'(r - w^*(r))}{\varphi'(w^*(r))} = \eta$。

最优化一阶条件表明普通成员与核心成员租金的边际效用之比为常数，说明不同租金水平的边际替代率对普通成员和核心成员相同，因此，在"普通成员－核心成员"的委托代理关系中，普通成员与核心成员的帕累托最优取决于租金水平。

根据上述分析，在合作社成员与理事会的委托代理关系中，应根据股权结构和核心成员侵占普通成员利益的水平设计合作共赢的激励合同，从而减少理事会成员的机会主义行为，提高全体成员和理事会的期望效用。

通过以上两种合作社治理结构模式的比较静态分析可知，在"成员大会－理事会"治理结构模式中，在成员同质性前提条件下，成员大会与理事会收入的边际效用之比为常数，即不同收入状态下边际替代率对成员大会与理事会相同，合作社中成员大会与理事会的委托代理关系达到帕累托最优；在"普通成员－核心成员－理事会"治理结构模式中，在成员异质性的前提条件下，全体成员分化为核心成员与普通成员。核心成员和理事会收入的边际效用之比与理事会和核心成员股权结构比成正比，即不同收入状态下边际替代率与核心成员和理事会的股权结构有关，且在核心成员与理事会的股权结构相等时，其委托代理关系达到帕累托最优。普通成员与核心成员租金的边际效用之比为常数，说明不同租金水平的边际替代率对普通成员和核心成员相同，因此普通成员与核心成员的帕累托最优取决于租金水平，即取决于核心成员侵占普通成员利益的数量。然而在合作社实践发展过程中，多数合作社股权结构集中，核心成员在经营管理决策中权重较大，普通成员对核心成员的制约作用有限，"普通成员－核心成员－理事会"治理结构模式较为普遍，造成合作社较低的成员参与程度和较高的交易成本，难以有效提高合作社治理效率和改善合作社治理绩效。

三　案例分析

根据实地调研，符合"成员大会－理事会"治理结构模式的农民合作社成员股权结构相对比较分散，运行相对规范，但符合该种治理结构模式的合作社数量较少；而"普通成员－核心成员－理事会"模式的合作社较为普遍。① 本章选取两个典型苹果合作社案例，对两种合作社治理结构模式进行比较，剖析两种合作社治理结构模式的运行过程、治理效果、存在的问题及优化路径。

（一）"成员大会－理事会"治理结构模式

本节以陕西宜川县 X 果业合作社为案例，剖析"成员大会－理事会"治理结构模式的制度设计与运行过程。

1. 合作社股权结构与组织结构

2005 年 6 月，成立 QL 村果农协会。2007 年 7 月召开成立大会，由村支书等 7 人发起在果农协会基础上成立合作社，2008 年 6 月在工商行政管理部门注册登记，该社以成员为服务对象，根据章程规定为成员提供种植技术、生产资料购买和农产品收购销售、运输、贮藏等相关服务。成立初期，注册资金 121.08 万元，入社成员 103 人，带动农户 178 户。截止到 2014 年底，其注册资金达 227.55 万元，其中成员出资 21 万元，出资成员 148 人，带动周边农户 286 户。

该社成员股权结构较为分散，组织结构设置相对健全。合作社由 7 名苹果种植户发起成立，共有成员 148 名，共设置股份 210 股，每股 1000 元，共出资 21 万元。合作社理事会成员 10 人，理事长 1 人，入 5 股，副理事长 2 人，共入 15 股②，理事 7 人，共入 26 股③，理事会共入 46 股，占比 21.90%。监事会成员 2 人，监事长 1 人入 5 股，监事 1 人入 3 股，共入 8 股，占比 3.81%。其他 138 名成员共入 156 股，占比 74.29%。由此可知，

---

① 这可能是由于目前中国合作社多处于初级发展阶段，在短期内核心成员的资源禀赋优势和较高的股权比例有利于合作社的起步发展，其存在具有一定的合理性，但从长远来看，"普通成员－核心成员－理事会"模式难以提高成员参与合作社的积极性，以及降低合作社的管理型和市场型交易成本，因此不利于合作社持续发展。
② 一人入 10 股，另一人入 5 股。
③ 四人每人入 5 股，三人每人入 2 股。

该合作社的股权结构设置相对分散。该社机构由成员大会、理事会、监事会和经理人构成。理事会成员10名，设理事长1名，副理事长2名，理事7名，并设秘书长1名；监事会成员2名，设监事长1名，监事1名；经理人由理事长兼任。成员大会是最高权力机构。理事会是执行机构，实行充分协商一致原则，对合作社日常管理进行决策。监事会是监督机构，代表全体成员监督理事会和成员大会工作。

2. 合作社治理结构分析

该社成员均由本村苹果种植户组成，果农种植规模相对较小，在该社7个样本成员中，其苹果种植面积平均为6.79亩。入社前，果农的苹果种植管理方面的知识基本属于乡土经验层次，普遍缺乏苹果储藏和销售方面的专业知识，因此果农希望通过合作社提高种植技术水平，拓宽苹果销售渠道，提高收益水平。村支书基于村民要素禀赋、行为动机和内生需求方面同质性的考虑带领村民组建成立合作社。通过对该社7名成员的实地访谈，笔者发现，在合作社的概念及运行过程认知方面，5名成员比较了解，1名成员非常了解，成员对合作社选举权和决策权的参与程度较高，6名成员在合作社采购农药、化肥、果袋等农业生产资料。7名成员都曾参加过合作社举办的果园管理技术培训，并对其管理果园的作用较大。6名成员的苹果产品都是通过合作社销售，通过合作社销售苹果可获得相对较高的苹果销售价格和稳定的苹果销售渠道。由此可知，成员参与合作社积极性较高，合作社提供的服务也增强了成员在合作社的归属感。

在合作社成立时，全体果农严格按照"一人一票"选举理事会、监事会和理事长，确保经营管理人员真正代表全体成员利益，形成以成员大会为委托人、理事会为代理人的委托代理关系。其委托代理关系主要体现在三个方面：第一，全体果农成员为获取先进苹果种植技术和优质低价的农业生产资料，提高果品质量，降低自然风险对其收益水平的影响，委托合作社统一购买农业生产资料，提供技术指导、管理培训以及生产管理信息等服务；第二，全体成员为增强其市场谈判能力，将苹果委托给合作社统一销售①，保障成员苹果的销售价格和销售渠道，降低市场风险，提高成员收益水平；第三，合作社理事会代表全体成员对合作社各项运行活动进行民主管理和事务决策，如组织召开成员大会，组织技术培训，制订财务预决算、盈余分配或亏损弥补方案，决定成员入社或退社等相关事项，制订合作社年度业务经营计划等，决定聘任或解聘会计、营销、技术等相关专业人员，以及进行年终总结和制订分红方案等。在该种模式合作社治理过程中，由于成员同质性较强，成员的行为动机和利益诉求趋同，参与合作社治理的积极性较高。同时，相对简单、清晰的委托代理关系降低了合作社的管理型和市场型交易成本。由于其股权结构相对分散，合作社成员之间的地位相对平等，可进行有效的沟通和交流，增强了合作社集体行动的可能性，并降低了成员对理事会的监督成本，提高合作社的决策效率，也增强了合作社在市场交易中的谈判力和竞争力。

（二）"普通成员－核心成员－理事会"治理结构模式

本节以辽宁某县 Y 果业合作社为案例，剖析"普通成员－核心成员－理事会"治理结构模式的制度设计与运行过程。

1. 合作社股权结构与组织结构

2011 年 8 月，在 7 位苹果种植大户和销售能人的带领下，成员出资 300 万元成立 Y 果业合作社，参与成员主要为当地果农，合作社为农户提供苹果种植技术服务，标准化生产，统一农业生产资料供应服务和苹果储藏、购销服务等。该社于 2011 年 8 月在

---

① 统一销售的两种方式：①合作社以高于市场价格一定水平的价格收购成员苹果后再统一销售，可保证成员苹果销售价格，提高成员收益；②合作社将苹果购买方介绍给农户，由农户与苹果购买方自行商讨苹果销售相关事宜，可保证成员苹果销售渠道。

工商行政管理部门注册登记，注册资金 39 万元，合作社总出资额 300 万元，其中货币资金 39 万元，实物（即果园）出资 261 万元。截至 2013 年底，合作社成员数达 135 人，且都为农民成员，其中核心成员 7 人，普通成员 128 人，带动周围农户 260 多户。

股权结构设置高度集中，组织结构设置相对健全。该社由 7 名苹果种植户发起成立，共有成员 135 名，总出资额为 40.28 万元。由于股权结构设置存在差异，该社成员分化为核心成员与普通成员。作为发起人之一的理事长出资额最高为 30 万元，占比 74.48%，其他 6 名发起人各出资 1.50 万元，发起人总出资额占比 96.82%，这 7 名发起人可被称为合作社"核心成员"。其他 128 名成员（每名成员出资 100 元）的出资额仅占总出资额的 3.18%，其他 128 名成员可被称为合作社"普通成员"。普通成员委托核心成员对合作社理事会的经营管理进行监督，从而形成普通成员与核心成员间的委托代理关系。合作社设立成员大会、理事会、监事会和经理人。成员大会是其最高权力机构，由全体成员组成，选举和表决实行一人一票制，对合作社重大管理事项进行决策。理事会由 3 名成员组成，对成员大会负责，执行成员大会决议，对合作社日常经营管理进行决策，设理事长 1 名，为本社法定代表人，并兼任合作社经理人。监事会由 2 名成员组成，设监事长 1 名，代表成员监督和检查理事会经营管理工作，以及理事会对成员大会决议、章程的执行情况及财务状况等。

2. 合作社治理结构分析

在全体成员与理事会委托代理关系基础上，全体成员由于其股权结构设计不均等和成员资源禀赋存在较大异质性而分化为普通成员与核心成员，其中普通成员 7 名，核心成员 128 名。普通成员由于其股权结构较小且拥有较少的资源禀赋，盈余返回或股份分红较少，参与合作社治理的成本大于收益，因此普通成员缺乏参与合作社治理的积极性，多采取"搭便车"行为，从而将其对合作社经营管理的监督权利交由核心成员代理，从而形成核心成员与普通成员之间的委托代理关系，全体成员与理事会的委托代理关系演化为核心成员与理事会委托代理关系。但由于核心成员多是理事会成员，极易产生核心成员侵占普通成员利益的情况。

随着 Y 合作社规模扩大，普通成员与核心成员的代理问题严重影响合作社的组织运行。一方面，由于苹果市场供求变化，部分普通成员为了自身利益考虑，当合作社收购苹果价格高于市场时，就会将苹果销售给合作社，但当市场收购价格高于合作社时，就会将苹果销售给市场，影响合作社正常储运，合作社很难对农户违约和机会主义行为进行有效管理；另一方面，少数未进入合作社理事会的核心成员利用其自身的销售渠道收购成员苹果进行销售，助长了普通成员的"搭便车"行为。在"普通成员－核心成员"的委托代理关系中，核心成员并未对理事会的经营管理和民主决策形成有效监督，在"核心成员－理事会"的委托代理关系中，理事会并未制定合理的制度安排约束成员参与合作社治理的行为，致使合作社治理失范，从而使合作社产生较高的管理型交易成本、代理成本和监督成本。此外，由于合作社成员异质性明显，难以形成集体行动，降低了合作社决策效率，导致合作社在市场交易中处于不利地位，并影响合作社的持续发展。

为改善合作社普通成员与核心成员以及核心成员与合作社的委托代理关系，合作社通过召开成员大会，在合作社的成员角色、决策、监督和收益等方面加以说明，通过完善相关制度和落实执行情况，促进合作社规范治理。在成员入社和退社方面，明确规定苹果种植户的入社条件和退社程序；在决策和监督方面，明确成员大会、理事会、监事会和经理人的职责和权限，并定期公开合作社财务信息；在收益方面，规定当年扣除生产经营和管理服务成本，可分配盈余按成员与本社的交易量（额）比例返还，返还总额不低于可分配盈余的 60%。一方面，提高成员在合作社的收益水平，增强成员参与合作社治理的积极性，促进核心成员履行代理人职责，保障普通成员在合作社的利益不被侵占；另一方面，提高理事会的民主决策程度和经营管理水平，从而加强对合作社的规范化治理，降低合作社交易成本，促进合作社持续发展。

（三）小结

通过上述分析，两种合作社治理结构模式在成员属性、资源禀赋、股权结构、决策效率、管理型交易成本和市场型交易成本等方面具有差异。如表4-1所示。

表4-1 两种合作社治理结构模式的比较分析

	"成员大会-理事会"模式	"普通成员-核心成员-理事会"模式
成员属性	成员同质性较强	成员异质性较强，全体成员分化为普通成员与核心成员
资源禀赋	成员所掌握的生产技术、市场营销能力和社会关系基本趋同	核心成员相比于普通成员掌握更多的生产技术、市场营销能力和社会关系
股权结构	所有成员包括理事会成员的股权结构相对分散	核心成员掌握较高比例的股权结构，而普通成员的股权结构比例较低
决策效率	理事会成员作为全体成员的代理人对合作社进行经营和治理，其决策效率相对较高	核心成员既是普通成员的代理人，又是合作社的委托人，核心成员易形成集体行动，但普通成员由于其参与合作社治理程度较低，造成合作社决策效率相对较低
管理型交易成本①	单层委托代理关系可降低合作社理事会的代理成本和监督成本	双层委托代理关系使合作社的运行过程更加复杂，增加了组织运行的代理成本和监督成本

---

① 合作社管理型交易成本主要指建立、维持或改变合作社结构设计的成本，以及合作社运行的成本，合作社运行成本可分为①信息成本，即与制定决策、监督命令的执行等有关的成本，代理成本，信息管理的成本等。②在可分的技术界面之间转移与农产品及农产品服务有关的成本，如在合作社内的运输成本、储藏成本等。

	"成员大会 – 理事会"模式	"普通成员 – 核心成员 – 理事会"模式
市场型 交易成本①	在全体成员同质性的前提下，理事会作为代理人与市场进行交易，其信息搜寻成本、签约成本和监督成本相对较低	在成员异质性的前提下，理事会是在核心成员的控制下与市场进行交易的，其信息搜寻成本、签约成本和监督合约义务履行成本相对较高

四　比较分析与结果讨论

从苹果合作社治理效率角度来看，"成员大会 – 理事会"治理结构模式优于"普通成员 – 核心成员 – 理事会"治理结构模式，主要体现在成员参与程度高，治理模式可以降低合作社管理型交易成本、理事会代理成本以及监督成本，从而促进合作社协同管理与规范治理，其原因主要体现在成员行为动机与利益诉求、委托代理关系逻辑构架、成员信息掌握程度和市场型交易成本四个方面。

（一）成员行为动机和利益诉求不同

在"成员大会 – 理事会"治理结构模式中，成员股权结构相对分散，成员之间的行为动机和利益诉求是趋同的，这有利于成员间的沟通与协同，易形成利益共同体，成员参与合作社治理的程度相对较高，可明显降低合作社的管理型交易成本和理事会的代理成本，有利于成员间形成互相约束、互惠互利的合作关系。

在"普通成员 – 核心成员 – 理事会"治理结构模式中，成员股权结构高度集中，核心成员与普通成员具有不同的行为动机和利益诉求，核心成员借助其较高的股权结构希望更多地侵占普通

---

① 合作社市场型交易成本主要包括合约的准备成本（搜寻和信息成本）、决定签约的成本（谈判和决策成本）、监督成本和合约义务履行成本等。

成员利益，普通成员则借助合作社核心社员对理事会的监督而具有"搭便车"的机会主义倾向，委托人和代理人之间存在严重的利益冲突，成员之间存在管理与被管理、控制与被控制的关系，因此其治理结构更加复杂。

（二）委托代理关系逻辑构架不同

在"成员大会－理事会"治理结构模式中，合作社成员关系表现为全体成员与理事会的委托代理关系（如图4-1所示），委托代理关系链条相对较短，其代理成本相对较低。第一，成员间由于股权结构差异不大，具有相同或相似的目标函数和行为方式，主要通过获得合作社统一提供的农业生产资料、苹果种植技术培训、生产信息等服务以及通过与合作社的交易量（额）获得收益；第二，合作社理事会作为代理人对合作社各项事务进行民主决策和经营管理，促进合作社规范化治理，为成员提供更多服务和更高收益，提高合作社在市场上的谈判能力和综合竞争能力。

在"普通成员－核心成员－理事会"治理结构模式中，合作社成员关系表现为普通成员与核心社员以及核心社员与理事会的"双层委托代理关系"（如图4-2所示），委托代理关系链条相对较长，产生较高的代理成本。第一，全体成员与理事会的委托代理关系由于成员股权结构和资源禀赋差异而演化为普通成员与核心成员以及核心成员与理事会的双层委托代理关系；第二，在合作社"中心－外围"结构中，普通成员与核心成员的委托代理关系是合作社外部的市场交易关系，而不是成员与合作社之间的内部交易关系，核心成员既具有监督理事会经营管理和民主决策的代理人职责，又作为委托人委托理事会对合作社进行经营管理和民主决策，双重身份使核心成员对合作社的规范化治理具有重要作用和影响，是普通成员与理事会的联结。

（三）成员的信息掌握程度不同

在"成员大会－理事会"治理结构模式中，合作社成员之间、理事会成员之间以及成员与理事会之间在信息掌握程度方面具有较大的相似性。合作社成员之间由于股权结构和要素禀赋①差别不大而能够产生较高的信任感和协调性；合作社理事会成员之间由于经营管理能力差别不大而能够降低合作社决策成本；合作社成员与理事会之间由于股权结构相对分散而在合作社地位相对平等，成员与理事会之间可进行有效的信息沟通和共享，增强了集体行动的可能性，降低成员对理事会的监督成本。

在"普通成员－核心成员－理事会"治理结构模式中，合作社成员之间由于股权结构和资源禀赋的差异性较大，在合作社的地位不平等，成员掌握信息程度不同导致成员之间存在严重的信息不对称。普通成员由于信息不完全很难对理事会的治理行为和经营管理进行监督，易产生理事会成员的机会主义倾向，损害了普通成员利益，增加了合作社代理成本，降低了合作社治理绩效，不利于合作社规范化治理和持续性发展。

（四）市场型交易成本不同

在"成员大会－理事会"治理结构模式中，成员之间具有相同或相似的资源禀赋与股权结构，在合作社享有公平的地位和合理的利益分配权，因而其参与合作社治理的积极性较高，形成集体行动的可能性更大。在合作社与市场进行交易谈判过程中，成员委托理事会经营管理合作社，并完成市场谈判、市场交易等相关事宜。由于成员的集体行动合力推动，理事会的决策效率更高、适应市场的能力更强，从而增强合作社在市场交易中的谈判能力、交易成本控制能力和竞争能力。

在"普通成员－核心成员－理事会"治理结构模式中，随着成员分化为普通成员与核心成员，核心成员由于其资源禀赋优势和较高的股权比例，易形成集体行动。被边缘化的普通成员由于

───────────
① 包括生产技术、市场营销能力和社会关系等。

参与合作社治理的成本大于收益，难以形成集体行动，只有在其利益被侵占到难以忍受的程度时，才可能形成集体行动，但其集体行动往往会降低合作社的决策效率。同时，较低的决策效率会降低合作社的市场谈判能力和竞争能力，从而增加合作社的交易成本。

五　本章小结

基于委托代理理论，本章根据实地调研过程中合作社治理实践情况构建了"成员大会－理事会"和"普通成员－核心成员－理事会"两种合作社治理结构模式，并以苹果合作社为案例探究两种治理结构模式的治理结构设计与运行机理，探究其中的问题与成因，寻找有效的合作社治理结构模式，为优化基于中国现实国情的合作社治理、提高成员参与程度、降低合作社运行成本、改善合作社治理绩效提供理论依据和实践经验。由以上分析可知，"成员大会－理事会"治理结构模式优于"普通成员－核心成员－理事会"治理结构模式，主要体现在成员行为动机与利益诉求、委托代理关系逻辑架构、成员信息掌握程度及市场型交易成本四个方面。

▶ 第五章
苹果合作社治理行为分析

　　合作社治理行为是在合作社成员大会、理事会、监事会和经理人（理事长）等治理结构设置的基础上对合作社各项经营业务进行决策、监督以及分配利益的过程。规范合作社治理行为一方面要切实保障成员大会、理事会、监事会和经理人有效行使职责，真正发挥其决策和监督作用；另一方面，对合作社成员进行有效的利益分配激励，提高合作社对成员的凝聚力和吸引力，促进成员积极参与合作社治理及合作社持续有效运行，提高合作社规范化治理水平。

　　合作社作为一种特殊的企业组织，产权结构是其制度安排的核心，是所有权、控制权等权利的集合。20 世纪 60 年代后，产权理论作为组织治理的基础与源头开始被应用于合作社治理问题的研究。学者们（Alchian and Demsetz，1972；Jensen and Meckling，2000；Fama and Jensen，1983）通过对合作社产权制度的研究认为合作社的产权界定模糊，且并非有效率的经济组织。Cook（1995）运用产权理论对合作社的产权关系和产权安排进行了全面的阐述，认为合作社是一个财产权定义模糊的成员与投资者的集合，在合作社的治理结构更加复杂时，模糊的产权关系易导致剩余索取权与决策控制权之间的冲突。国内一些学者对农业合作社产权制度安排进行了广泛研究。农民拥有合作社的产权是农民合作组织健康发展、通过互助实现自助的基本保障（苑鹏，

2004）。傅晨（1999、2001）指出要合理设置股权，明晰产权制度，确保产权的行使，转换经营机制，从而保证社区型股份合作制的有效实施。本章的研究贡献在于：对特定产业即高价值农产品产业进行分析，减弱产业差异的影响；在对合作社治理行为定义的基础上分析其与产权结构安排的关系，剖析合作社内部的治理问题。

合作社治理行为与其产权结构安排密切相关，不同合作社产权结构安排中的治理行为必然不同。针对合作社数量与质量发展不平衡、合作社治理失范等问题，本章将利用山东、山西和陕西三省反映苹果合作社利益分配行为、决策行为、监督行为、所有权结构和控制权结构的微观数据，运用结构方程模型分析苹果合作社利益分配行为对决策行为、监督行为、所有权结构和控制权结构的影响方向及影响程度。

一　合作社治理行为文献回顾

合作社是农业生产经营服务的提供者和利用者共同所有、共同控制和共同受益的互助性经济组织。合作社制度安排源于经济弱势群体的自我保护行为（苑鹏，2007），是经济弱势群体为维护自身利益而创建的以服务成员为目的的自助组织（赵晓峰，2015）。

利益分配是成员参与合作社治理的直接需求之一，是合作社兼顾公平与效率的主要方式，且与其在合作社的出资比例和参与程度密切相关。普通成员对应得利益的了解程度和核心成员的出资比例对普通成员的利益实现有显著影响（颜华、冯婷，2015）。目前中国农民合作社存在按成员交易量（额）返还盈余、按股分红、按交易量（额）返还盈余和按股分红相结合三种利益分配模式，在合作社的利益分配上，需要综合考虑多个贡献度影响因素，合理的利益分配有利于促进合作社持续发展（宝斯琴塔娜，

2015）。孙艳华等（2007）认为利益联结是农民合作社发展成熟的关键，只有真正实现"利润返还"等合作社原则，加强农户与合作社的利益联结，民主管理才有意义，技术服务才有效果，合作社增收绩效才更显著。

决策行为是合作社治理行为的核心问题之一，关系到合作社经营管理策略和持续有效发展，对合作社治理具有重要作用和影响。但根据实践情况，核心成员拥有合作社较大的经营权、决策权、剩余索取权和剩余分配权，合作社实际上就演变为资本驱动的内生性股份制组织。对于普通成员而言，由于资源匮乏，依托龙头企业或核心成员成立合作社也是一种现实选择，不管所依托的合作社资本集中和资本控制程度如何，农户最终希求的还是经济收益的帕累托改进，只有这个条件得到满足，农户才会真正具有加入合作社并参与合作的激励（崔宝玉等，2014）。目前有利于管理者的决策权分割格局一定程度上存在合理性，但不利于合作社的长期稳定发展，有效的决策行为需要缩小成员异质性，完善内部制度（张雪莲、冯开文，2008）。理事会和理事长掌握着合作社大部分决策权，并对合作社绩效具有显著影响（黄胜忠等，2008；徐旭初、吴彬，2010）。

为确保成员利益，加强对管理者和经理人员的内部监督以及增强财务信息的透明度是有必要的。内部监督机制对合作社绩效具有显著影响（黄胜忠等，2008），是关系到合作社产权结构安排的重要因素。黄祖辉和扶玉枝（2013）认为合作社设立监事会可以对合作社的经营管理进行全面监督，防止理事会、经理人等的机会主义行为和道德风险，从而提高合作社效率。

产权结构安排是合作社治理和运行的基础和关键，其中所有权和控制权是合作社产权结构的核心。合作社所有权结构主要表现为股权结构高度集中，形成大农和小股东并存的格局。崔宝玉和谢煜（2014）认为在合作社的股权控制和社会资本控制两种方式中，股权控制是起基础性作用的，由于中国小农户投资能力较弱、抵御风险能力较差，则形成了核心资本和外围资本的"二元"股权结构格局，两种资本形式具有不同性质并扮演不同角色（崔宝玉、陈强，2011）。控制权结构应能够体现合作社民主管理原则，即成员大会、理事会和监事会的共同治理。成员作为合作社的主体通过成员大会行使表决权，在合作社起主要控制作用；理事会是成员大会的代理人，对合作社的经营管理具有主导作用；监事会代表全体成员对合作社的一切经营活动进行监督（黄祖辉、扶玉枝，2013）。

对决策行为、监督行为和利益分配行为的研究多集中在分析其对合作社绩效或效率的影响机理而较少关注其对合作社产权结构安排的影响，产权结构安排是合作社规范运行和治理的关键。已有文献多研究产权结构安排的某个方面，而较少将所有权结构和控制权结构结合起来进行研究。

二 合作社治理行为及结构方程模型

综合上述文献述评以及结合实际调研过程中的具体问题，本章先验性地将影响苹果合作社利益分配行为的因素分为治理行为和产权结构安排，其中治理行为包括决策行为和监督行为，产权结构安排包括所有权结构和控制权结构，成员的所有权结构用理事会、监事会、理事长、最大股东和普通成员的出资比例或股权结构表示，控制权结构用成员大会会议次数、理事会会议次数和监事会会议次数表示，并提出以下研究假设。

理事会和经理人（理事长）主导合作社决策权，决策行为指理事会及经理人（理事长）对合作社各项业务进行经营管理决策的过程。理事会的相对规模越小，其决策效率越高，对合作社的利益分配行为越具有促进作用，促进合作社形成合理的所有权结构和控制权结构；理事长的任职时间越长，越容易得到成员的信任和认可，对合作社的利益分配行为也越具有促进作用。

H_1：利益分配行为对合作社决策行为产生影响。

监督行为是指监事会对合作社各项经营活动和管理过程进行监督的过程。合理的财务公开次数和监事会向理事会提出较多的监督意见有利于制定合理的利益分配标准和分配方式。

H_2：利益分配行为对合作社监督行为产生影响。

利益分配行为是指合作社全体成员、理事会或理事长制定合作社内部利益分配标准以及合作社的利益分配方式，合作社的利益分配方式主要包括按交易量（额）分配、按股分红以及按交易量（额）和按股分红相结合三种方式。利益分配是成员参与合作社治理的核心，对合作社所有权结构和控制权结构产生影响。

H_3：利益分配行为对合作社所有权结构具有正向或负向影响。

H_4：利益分配行为对合作社控制权结构具有正向或负向影响。

根据上述假设构建苹果合作社治理行为分析的结构方程模型，如图 5 - 1 所示。

图 5 - 1 苹果合作社治理行为分析的理论模型

三 数据来源与描述性统计分析

（一）数据来源

本章研究数据是国家现代苹果产业技术体系产业经济研究室 2015 年 6 ~ 9 月在山东、山西和陕西三省苹果适生区实地调查所得。

（二）样本描述性统计分析

样本合作社的描述性统计分析如表 5 – 1 所示。合作社的理事长任职时间较长，平均任职时间为 4.86 年，这是由于多数合作社是在理事长主导下组建成立的；理事会是合作社核心组成部分，对合作社各项事务决策具有重要作用，理事会相对规模平均为 5.83%；合作社财务公开次数越多，说明其财务公开透明度越高，样本合作社财务公开次数平均为 1.21 次，监事会向理事会提出监督意见的情况较少，说明监事会监督功能较弱；样本合作社利益分配标准和分配方式多由理事会决定，理事会成员多为合作社核心成员，主导合作社决策权；合作的利益分配方式多是按交易量（额）和按股分红相结合。

样本合作社股权结构过于集中，其中理事会股权比例平均为 70.55%，理事长股权比例平均为 47.26%，最大股东股权比例平均为 53.81%，但监事会股权比例平均仅为 10.80%，普通成员（除去前五大出资人以外其他成员总出资比例）股权比例平均仅为 25.33%，这进一步说明理事会主导决策权，监事会功能较弱。样本合作社 2014 年成员大会会议次数平均为 3.35 次，理事会会议次数平均为 4.59 次，监事会会议次数平均为 1.93 次，根据实地调研，合作社成员大会、理事会和监事会的会议形式化较重，并且较多关注合作社经营业务问题，而较少关注合作社的民主管理，不利于合作社规范治理。

表 5 – 1　各变量的描述性统计情况

变量	代码	定义	平均值	标准差	最小值	最大值
利益分配						
利益分配标准决定方式	PR_1	1 = 成员大会决定；2 = 股东成员大会决定；3 = 理事会决定；4 = 理事长决定	3.13	0.95	1	4

变量	代码	定义	平均值	标准差	最小值	最大值
利益分配方式	PR_2	1 = 按交易量（额）分配；2 = 按交易量（额）与按股分配相结合，以按交易量（额）为主；3 = 按交易量（额）与按股分配相结合，两者相当；4 = 按交易量（额）与按股分配相结合，以按股分配为主；5 = 按股或按出资比例分红；6 = 无利益分配	4.38	1.95	1	6
决策行为						
理事长任职时间	DE_1	（年）	4.86	2.69	0	13
理事会相对规模	DE_2	理事会成员占成员总数的比例（%）	5.83	6.38	0.19	37.5
监督行为						
财务公开次数	SU_1	（次）	1.21	1.88	0	12
监事会向理事会提出监督意见	SU_2	1 = 非常少；2 = 比较少；3 = 一般；4 = 比较多；5 = 非常多	1.81	1.05	1	5
所有权结构						
理事会股权比例	OW_1	理事会成员出资比例（%）	70.55	31.31	0.00	100.00
监事会股权比例	OW_2	监事会成员出资比例（%）	10.80	18.03	0.00	89.60
理事长股权比例	OW_3	理事长出资比例（%）	47.26	32.29	0.02	100.00
最大股东股权比例	OW_4	最大出资比例（%）	53.81	32.50	0.44	100.00
普通成员股权比例	OW_5	除去前五大出资人以外其他成员的总出资比例（%）	25.33	29.26	0.00	100.00
控制权结构						
2014 年成员大会会议次数	CO_1	（次）	3.35	3.07	0	20
2014 年理事会会议次数	CO_2	（次）	4.59	5.86	0	40
2014 年监事会会议次数	CO_3	（次）	1.93	2.37	0	15

四　合作社治理行为实证分析

（一）信度与效度检验

信度分析。采用信度系数（Cronbach's）反映问卷的可靠性。本章利用 Stata12.0 软件对各变量进行信度分析，一般认为 Cronbach's 值在 0.35 以下为低信度，在 0.35～0.70 属于尚可，在 0.70 以上属于高信度（Guilford，1954）。结果显示，外生变量测量方程的测量量表信度 Cronbach's 值为 0.718，说明指标一致性较好，信度在可接受范围。

效度分析。利用 Stata12.0 软件对问卷调研获得的数据进行探索性因子分析（EFA），从而进行效度分析，以反映整个问卷内在结构的合理性。软件结果显示 KMO 值为 0.670 > 0.6，Bartlett 球形检验[①]达到显著性水平（$p = 0.000 < 0.005$），因子载荷量如表 5 – 3 所示，说明问卷效度很好。

表 5 – 2　转置后的因子载荷矩阵

观察变量	利益分配	决策行为	监督行为	所有权结构	控制权结构
DE_1	0.7757	– 0.1986	– 0.1117	– 0.0683	0.0604
DE_2	– 0.8102	– 0.1207	– 0.2638	0.0591	– 0.0712
PR_1	0.0210	0.7324	– 0.0741	0.1374	– 0.1173
PR_2	– 0.0532	0.5882	– 0.2353	0.2446	– 0.1580
SU_1	0.0596	0.0061	0.8159	– 0.1622	0.0491
SU_2	0.1569	– 0.3532	0.6491	– 0.0668	0.0079
OW_1	– 0.1556	0.3403	0.0252	0.7600	0.0078

[①] 本文用 Stata12.0 软件做因子分析，不宜做 Bartlett 球形检验，而是用似然比检验的卡方值作为球形检验值［LR test: independent vs. saturated: chi2（91）= 387.25 Prob > chi2 = 0.0000］。

续表

观察变量	利益分配	决策行为	监督行为	所有权结构	控制权结构
OW_2	-0.2869	0.3954	0.0223	-0.5287	-0.0292
OW_3	0.0232	-0.1675	-0.2707	0.7732	-0.0244
OW_4	0.0405	-0.0037	-0.1836	0.8803	-0.0505
OW_5	0.1847	-0.3048	-0.1200	-0.7863	-0.0130
CO_1	0.0835	-0.0800	-0.0356	0.0809	0.7566
CO_2	0.1260	0.0230	-0.0368	-0.0433	0.8048
CO_3	-0.0688	-0.1613	0.1911	-0.0842	0.7410
单个公因子解释变异量（%）	10.62	10.43	9.94	21.30	13.02
累计解释变异量（%）	10.62	21.05	30.99	52.29	65.31

表 5 - 3　模型参数估计结果

潜变量	指标	非标准化因子负荷	标准化因子负荷	C. R. 组成信度	AVE变异数萃取量	T 值	p 值
利益分配	PR_1	1	0.493	0.476	0.316		
	PR_2	2.602 **	0.623			3.12	0.002
决策行为	DE_1	1	0.596	0.547	0.377		
	DE_2	-2.507 *	-0.631			-1.74	0.082
监督行为	SU_1	1	0.504	0.452	0.293		
	SU_2	0.637 **	0.576			2.36	0.018
所有权结构	OW_1	1	0.728				
	OW_2	-0.282 **	-0.357			-2.39	0.017
	OW_3	0.988 ***	0.697	0.822	0.500	4.44	0.000
	OW_4	1.232 ***	0.864			4.68	0.000
	OW_5	-0.986 ***	-0.768			-7.44	0.000
控制权结构	CO_1	1	0.573				
	CO_2	2.211 ***	0.663	0.670	0.405	3.94	0.000
	CO_3	0.900 ***	0.668			3.60	0.000

注：*** 、** 、* 分布表示统计检验达到 1% 、5% 、10% 的显著性水平。

　　测量模型的所有路径在 1% 、5% 、10% 上通过了显著性水平
检验，说明用"利益分配标准决定方式"等 2 个指标反映利益分

配行为，用"理事长任职时间"等 2 个指标反映决策行为，用"财务公开次数"等 2 个指标反映监督行为，用"理事会股权比例"等 5 个指标反映所有权结构，用"成员大会开会次数"等 3 个指标反映控制权结构是合理的。

虽然有个别指标未能达到理想水平，但考虑到数据中变量设置不同（包括四分变量、五分变量、六分变量等），且观察变量既包含了受访者主观认知，又有其对合作社情况的客观陈述，上述检验结果表明样本数据适合进行结构方程模型分析。

（二）模型适配度检验

通过考察模型的拟合度指标和标准化后的路径系数验证采用结构方程模型的适当性。常用拟合指标有简约适配度指数、绝对适配度指数和增值适配度指数。简约适配度指数包括卡方自由度比 χ^2/DF，χ^2/DF 在 1 到 3 之间表明模型有简约适配程度，大于 5 表示模型需要修正。绝对适配度指数包括拟合优度指数（GFI）、调整后的拟合优度指数（AGFI）和渐进残差均方和平方根（RMSEA），其中 GFI 和 AGFI 值在 0.8 以上效果尚可，0.9 以上效果理想，RMSEA 值小于 0.05 适配良好，小于 0.08 适配合理。增值适配度指数包括规准适配指数（NFI）、增值适配指数（IFI）和比较适配指数（CFI），其中 NFI、IFI 和 CFI 在 0.8 以上效果尚可，0.9 以上效果理想。对本章所构建的结构方程模型进行拟合，模型适配度结果如表 5-4 所示。模型拟合指数表明，χ^2/DF 为 4.390，可能是受样本大小的影响，拟合不佳；GFI 为 0.998，表明模型拟合良好，AGFI 为 0.829，表明模型拟合可以接受，RMSEA 为 0.076，表示模型合理适配；NFI、IFI 和 CFI 的值分别为 0.928、0.945 和 0.965，表明模型拟合理想。

表 5 - 4　模型适配度检验

指标分类	指标名称	本研究模型拟合值	模型适配判断
简约适配度指数	χ^2/DF	4.390	不佳
绝对适配度指数	GFI	0.998	理想
	AGFI	0.829	可接受
	RMSEA	0.076	可接受
增值适配度指数	NFI	0.928	理想
	IFI	0.945	理想
	CFI	0.965	理想

（三）模型估计结果分析

运用 Stata12.0 软件计算得到模型路径系数（见表 5 - 5）。结构方程模型估计结果表明，盈余分配行为对所有权结构、控制权结构、决策行为和监督行为有显著影响。

利益分配行为到决策行为通过 10% 的显著性水平检验，且标准化之后的路径系数为 - 0.417，利益分配行为到监督行为通过 5% 的显著性水平检验，且标准化之后的路径系数为 - 0.714。表明利益分配标准决定方式越集中在理事长或理事会，利益分配越倾向于按股份或出资比例分配或没有利益分配，合作社的决策行为和监督行为越容易受到抑制。从具体数值来看，利益分配行为每向"股份化"移动一个等级——如利益分配标准决定方式从理事会决定转向理事长决定或利益分配方式从按交易量（额）分配方式转向按交易量（额）与按股相结合的分配方式，且以按交易量（额）为主，组织内部的决策行为会降低 0.417 个单位，监督行为会降低 0.714 个单位，因此验证假设 1 和假设 2。

利益分配行为到所有权结构通过 5% 的显著性水平检验，且标准化之后的路径系数为 0.475，利益分配行为到控制权结构通过 5% 的显著性水平检验，且标准化之后的路径系数为 - 0.364，表明利益标准决定方式越集中在理事长或理事会，利益分配越倾向于按股份或出资比例分配或没有利益分配，成员所有权结构越容易受到促进，而成员控制权结构越容易受到抑制。从具体数值来看，利益分配行为每向 "股份化" 移动一个等级——如利益分配标准决定方式从理事会转向理事长或利益分配方式从按交易量（额）分配转向按交易量（额）与按股相结合，且以按交易量（额）为主，成员所有权结构会提高 0.475 个单位，而成员控制权结构会降低 0.364 个单位，因此验证假设 3 和假设 4。

表 5 - 5　路径系数与检验

路径关系	系数	T 值	r 值	标准化系数	检验结果
利益分配行为 决策行为	- 1.437 *	- 1.82	0.068	- 0.417	假设 1 通过
利益分配行为 监督行为	- 1.448 **	- 2.09	0.036	- 0.714	假设 2 通过
利益分配行为 所有权结构	23.196 **	2.34	0.019	0.475	假设 3 通过
利益分配行为 控制权结构	- 1.372 **	- 1.98	0.047	- 0.364	假设 4 通过

注：**、* 分布表示统计检验达到 5%、10% 的显著性水平。

利益分配是成员参与合作社治理的核心问题，因此利益分配行为对合作社治理具有重要作用和影响。根据上述结果分析，首先，苹果合作社利益分配行为对其决策行为具有显著影响，决策行为关系到合作社民主管理原则和经营战略制定，合理的利益分配既有利于促进理事会成员及理事长对合作社的经营管理，又可以促进成员参与合作社治理的积极性，从而促进合作社民主管理；其次，苹果合作社利益分配行为对其监督行为具有显著影响，合作社作为弱势群体的互助性经济组织，监督行为是促进合作社有效运行的重要方面，利益分配行为决定了成员特别是监事会成员能否履行其职责，从而减少合作社管理人员的机会主义行为；再次，苹果合作社利益分配行为对其所有权结构具有显著影响，利益分配标准的决定方式越集中在少数理事会成员手中，利益分配方式越倾向于股份化，合作社所有权结构也越集中；最后，苹果合作社利益分配行为对其控制权结构具有显著影响，在苹果合作社机构设置过程中，利益分配行为影响成员大会、理事会和监事会的会议次数，从而对合作社治理产生显著作用。

（四）进一步讨论

本章只是初步考察了反映利益分配行为对合作社产权安排和治理行为的直接影响大小、作用方向及其显著性，但仍存在以下不足。一方面，由于样本合作社数量较少，利益分配行为、治理行为、监督行为、所有权结构和控制权结构的观测变量选择受到较大限制；另一方面，根据实地调研，由于部分合作社运行失范，难以坚持合作社民主管理和盈余返还原则，合作社民主管理流于形式，盈余分配制度不够完善，因此无法获得合作社准确的盈余分配比例的相关数据，因此未用盈余分配比例的数据进行分析。

五　本章小结

本章利用山东、山西和陕西三省 11 县（市、区）101 家苹果合作社样本，在对合作社利益分配行为、决策行为、监督行为、所有权结构和控制权结构进行分析的基础上，运用结构方程模型，分析合作社的组织治理行为。研究结果表明，利益分配行为对苹果合作社决策行为、监督行为、所有权结构和控制权结构具有显著影响。权力结构配置及决策行为关系到合作社民主管理原则和经营战略的制定，合理的利益分配有利于促进理事会成员及理事长对合作社的经营管理活动的重视，促进成员参与合作社治理的积极性和深度，从而促进合作社民主管理；监督行为是促进合作社有效运行的重要方面，利益分配行为决定了成员特别是监事会成员能否规范履行其职责，从而明显减少合作社管理人员的机会主义行为倾向；利益分配标准的决定方式越集中在少数理事会成员手中，利益分配方式越倾向于股份化，合作社所有权结构也越集中；合作社利益分配行为对其成员大会、理事会和监事会的会议次数具有显著影响。

第六章 ◢

苹果合作社成员治理行为及影响因素

合作社是中国农业转型的重要经营主体，合作社经营模式成功的关键在于在平等、互利、自愿原则的基础上，成员以投资者、使用者和控制者的三重身份参与合作社治理。1995年9月在英国曼彻斯特举行的国际合作社联盟成立百年代表大会上通过了《关于合作社界定的声明》，该声明阐明"民主的成员控制"是合作社的七项原则之一，即合作社是成员管理控制前提下的民主治理。目前，中国农民合作社的发展水平较低，农户参与合作社治理程度较低是困扰合作社规范化治理的突出问题。

本章基于计划行为理论构建成员参与合作社治理行为的分析框架，利用山东、河南、陕西和甘肃四省25个合作社273户苹果种植户成员的调研数据，采用双变量Probit模型从成员参与行为特征、成员收益变化和成员与合作社信任关系等方面探讨成员参与合作社治理行为的影响因素。

一 合作社成员治理行为文献回顾

合作社规范化治理需要成员的积极参与。成员参与合作社治理的基础在于坚持"民主的成员控制"原则。在合作社治理结构运行过程中，具有同质性身份的成员能够利用管理者（控制者）角色通过民主控制，确保惠顾者（使用者）身份的实现，达到自我服务的目的，同时能够利用所有者（投资者）角色支持合作社发展（邵科、黄祖辉，2014），合作社中的所有成员地位平等，都拥有参与合作社选举、决策的权利。然而，由于合作社和成员身份异化，成员的管理者（控制者）角色也发生变化。在欧美等发达国家的合作社发展过程中，外部投资者的进入和职业经理人的引入使其产权安排和治理结构出现变异（Nilsson，1997，2001；Chaddad and Cook，2004），表现为差异化表决权的设置及成员异质性明显增强，成员参与合作社治理积极性降低。目前，中国农民合作社由于受到资金等因素约束，合作社治理过程中核心成员占据主导地位，易产生核心成员剥夺中小成员利益的机会主义行为（马彦丽、孟彩英，2008；崔宝玉，2011），降低了成员参与合作社治理的积极性。因此，有必要系统分析影响成员参与合作社治理的行为及其影响因素，为提高苹果种植户的组织化程度和规范合作社治理提供理论依据。

成员是合作社最重要的参与主体，其参与治理的程度对合作社规范化治理具有重要影响。若忽视成员参与合作社治理的需求，合作社治理就会出现问题。Xiang等（2010）通过对芬兰200个奶牛合作社成员的调查与分析，发现成员对组织效率的评估和其受教育程度是影响成员参与行为的重要影响因素，此外，成员对合作社的观点和态度也对其参与意愿、行为及参与管理的积极性具有重要影响。成员作为合作社的管理者（控制者）、惠顾者（使用者）和所有者（投资者），其参与合作社治理的程度是有差异性的，蔡荣等（2012）通过分析发现风险态度、苹果种植面积和苹果质量等对其参与程度具有明显正向效应，市场价格水平对其参与程度具有显著负向影响。组织公平和个人资本也是影响合作社成员深化合作意愿的关键因素（李晓锦、刘易勤，2015）。此外，合作社的规范化治理必须强化成员的民主管理和参与意识，提高成员的民主习惯以及行使权利的意识和能力（崔宝玉，2009）。邵科等（2014）认为那些与合作社有着更多资本参与和业务参与行为的成员更加愿意进行管理参与（尤其是那些在合作社内有职务的成员），即在合作社有股金和与合作社有业务往来的成员能够更加积极地参与合作社治理等相关事务；但随着合作社成员规模的扩大，单个成员的管理参与程度会下降。此外，成员对合作社有较高满意度有利于提高其参与合作社治理的积极性，张连刚和柳娥（2015）认为内部信任、内部规范、社会网络三个测量内部社会资本的观测变量对合作社成员满意度均具有显著的正向影响；组织认同的增强能够显著提高合作社成员的满意度，从而增强成员对组织的归属感，提高成员参与合作社治理的积极性。

成员参与治理是合作社规范化治理的重要组成部分。目前，由于农民合作社多处于从初级发展向成熟期过渡的阶段，成员参与合作社治理的程度会随着其自身条件和合作社内外部环境的变化而变化，因此需要从根本上调动农户参与合作社治理的积极性，提高成员参与合作社治理的程度，形成农民合作社自我发展的良性机制（孙亚范、余海鹏，2012）。在当前农业转型时期，合作或交易关系更多的是靠非正式制度维系，机会主义行为受正式制度约束十分有限，易出现成员资格与参与程度相互偏离的问题（蔡荣、韩洪云，2012；Pascucci and Gardebroek，2010），因此如何增强合作社凝聚力和成员参与合作社治理的积极性需深入考察成员参与治理行为的影响因素。不同学者从成员农户的资本参与、业务参与、个人风险态度、对合作社的需求等方面分析其参与合作社治理行为的影响因素，并强调成员参与治理的重要性。但已有研究中一方面未考虑成员与合作社信任关系对其参与合作社治理的影响，另一方面未考虑成员加入合作社后收益变化对其参与合作社治理的影响。因此，本章在已有研究基础上，引入成员与合作社信任关系以及成员加入合作社后收益变化等有关变量系统分析成员参与治理行为的影响因素。

二 合作社成员治理行为理论分析

（一）成员参与合作社治理行为

在中国合作社治理过程中，中小股东的参与程度极为有限，大股东对合作社治理享有支配权。具体表现为某些小股东或非股东成员未积极参与合作社治理，或参与合作社治理过程仅限于形式，他们更看重的是直接经济利益获得，而不关心合作社的重大事项决策和未来发展问题，对合作社的影响力非常小（孙亚范，2010；邵科、黄祖辉，2014）；而大股东成员因其惠顾者和投资者的角色较为显著，对合作社的控制地位比较明显，从而降低合作社民主管理程度，导致中小股东难以参与合作社治理，不利于合作社规范发展。

成员参与治理行为体现了合作社"民主控制"的基本原则。根据《合作社法》规定，参与治理行为是成员作为合作社的管理者（控制者）所产生的，是合作社民主管理的重要方面。成员参与治理行为指合作社成员通过正式的途径参与合作社民主管理和重大事项的决策，从而提高合作社治理水平，促进合作社规范发展，即成员通过合作社最高权力机构——成员大会按照"一人一票"的基本表决方式对合作社理事长、理事会、监事会等权力机构进行选举，对合作社的财产处置、盈余分配、基础设施建设或投资活动等重大事项进行决策。对于规模较大的合作社，成员可通过区域性成员大会参与合作社民主选举和重大事项决策，并选出成员代表，通过成员代表影响成员大会的选举和决策，从而实现其参与合作社治理行为。

（二）成员参与合作社治理行为的影响因素

本节以计划行为理论为指导，剖析合作社成员参与合作社治理行为的影响因素。计划行为理论是研究人的行为决策的重要理论。该理论认为人的行为是经过深思熟虑的计划的结果，主要包括态度①、主观规范②、知觉行为控制③、行为意向④和行为⑤五方面要素，所有可能影响行为的因素都是经过行为意向来间接影响行为表现的，而行为意向受到三项相关因素的影响，一是源于个人态度，二是源于外在主观规范，即会影响个人采取某项特定行为的主观规范，三是源于知觉行为控制（Ajzen，1985，1991）。个人对某项行为的态度和主观规范愈正向时，个人的行为意向愈强，而当个人态度和主观规范愈正向且知觉行为控制愈强时，则个人的行为意向愈强。此外，性别、年龄、文化背景、个性等个人因素通过影响行为态度、主观规范和知觉行为控制对行为意向产生间接影响，并最终影响个体行为。成员参与合作社治理的行为是在农户参与程度、收益及风险变化后的理性选择，这种选择既受到合作社发展状况、治理结构及服务功能等方面的影响，也受到成员与合作社的信任关系、家庭特征、个人资源禀赋、文化水平的制约。根据计划行为理论，这些因素将影响成员参与合作社治理行为。

成员参与行为特征：成员参与行为主要包括作为惠顾者和所有者在合作社购买农资、将农产品销售给合作社、入股等。成员的参与行为与其行为态度和主观规范有关。成员与合作社的交易越频繁，越容易形成合理的利益预期，有利于形成积极的行为态度；由于成员资源禀赋不同，合作社成员具有异质性（Cottrell

---

① 态度是指个人对该项行为所持的正面或负面感觉，亦即个人对此特定行为的评价经过概念化之后所形成的态度。

② 主观规范是指个人对于是否采取某项特定行为所感受到的社会压力，亦即在预测他人行为时，那些对个人行为决策具有影响力的个人或团体对于个人是否采取某项特定行为所发挥影响作用的大小。

③ 知觉行为控制是指反映个人过去的经验和预期的障碍，当个人认为自己掌握的资源与机会愈多、预期阻碍愈少，则对行为的知觉行为控制就愈强。

④ 行为意向是指个人对于采取某项特定行为的主观机率的判定，反映了个人对于采取某一项特定行为的意愿。

⑤ 行为是指个人采取实际行动的行为。

and Neuberg，2007），不同成员在合作社的角色分化为核心成员和普通成员、股东成员和非股东成员，成员在组织中的角色不同，对参与治理行为的知觉行为控制也不同，从而可能产生不同的参与治理行为；加入合作社时间越长，对合作社运行模式及自身权利义务认知水平越高，越容易感受到组织和周围成员对自身行为决策的压力，影响成员自身的主观规范，从而影响成员参与合作社治理的积极性。

合作社层面特征：合作社是否提供农资统购、苹果购销、技术培训等服务及合作社是否分红，理事会、监事会是否通过选举产生等对成员参与合作社治理具有不同影响。这些因素通过成员的理性决策影响成员的行为态度、主观规范和知觉行为控制，进而影响成员参与合作社的治理行为。

成员收益变化：收益是影响成员参与合作社治理的重要方面。合作社是成员为了获取自身利益而自愿联合、民主管理的互助经济组织，合作社只有通过有效经营和公平分配满足成员对各项服务的需求才能使成员获取其应得的利益，自觉认同合作社存在的价值，积极参与合作社治理。成员收益变化与其行为态度有关，合作社降低成员生产成本的概率越大，成员获益越公平，成员则越有积极性参与合作社治理。

成员与合作社的信任关系：信任是在有风险的情况下对他人动机持有的一种积极、自信的期待状态（Ferrin，Bligh and Kohles，2007）。信任能够降低合作成本，是合作的行为起点，成员参与合作社治理的行为是基于成员对合作社及成员之间的相互了解和信任。成员对合作社及理事长的信任关系、对合作社管理事务的满意程度及是否与合作社签订纸质合同等影响成员参与合作社治理的行为。尤其在中国农民合作社成员具有异质性及不同主体①主导的模式下，成员与合作社的信任关系在很大程度上影

---

① 不同主体主要包括种植大户、营销大户、企业、政府、技术推广部门等。

响其参与合作社治理行为。

成员家庭经营特征与个人特征：个人因素间接影响个体的行为意向和行为。合作社成员家庭特征和个人特征可能影响其参与合作社治理的态度或知觉行为控制，从而影响成员行为意向和参与合作社治理的行为。成员文化程度越高，越容易理解和接受合作社这种组织模式及其民主管理的制度，参与合作社治理的积极性越高；成员是村干部或党员的可能性越大，越易接受合作社的民主管理制度，参与合作社治理的积极性也越高；成员家庭经营规模越大，面临的自然风险和市场风险越大，可能越需要合作社提供的农资采购、农产品销售、技术培训等服务，参与合作社治理的积极性可能就越高。

各类因素对成员参与合作社治理行为的作用机制如图6－1所示。

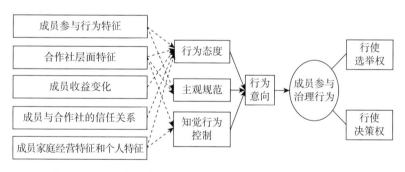

图6－1　成员参与合作社治理行为及其影响因素的研究路线

（三）苹果合作社成员治理行为影响因素研究假设

根据以上分析，本章围绕苹果合作社成员治理行为及其影响因素，提出如下假设。

H1：成员参与行为特征对其参与合作社治理行为具有正向影响；

H2：成员收益的提高对成员参与合作社治理行为具有正向影响；

H3：成员对合作社的信任关系对成员参与合作社治理行为具有正向影响；

H4：成员家庭经营特征和个人特征对其参与合作社治理行为具有影响。

本研究基本模型设定为：

参与治理的行为 = F（成员参与行为特征、合作社层面特征、成员收益变化、成员与合作社信任关系、成员家庭经营特征和个人特征） + 随机扰动项

三　数据来源与变量选择

（一）数据来源与样本基本情况

苹果是我国重要的高价值农产品，苹果产业也是山东、河南、陕西和甘肃四省农村经济的重要支柱产业。2014 年，山东、陕西、甘肃和河南四省的苹果产量和面积分别占全国苹果总产量和总面积的 66.25% 和 65.73%。① 此四省是黄土高原优势区和环渤海湾优势区中苹果种植的重要省份，相较其他农业产业，农民合作社发展的数量、质量及区域分布在此四省均较具有优势。苹果产业易受自然灾害影响，价格波动较大，苹果种植户面临的风险较其他行业更大，因此更需要加强苹果产业组织化程度，提高农户抵御自然风险与市场风险的能力。本章数据是国家现代苹果产业技术体系产业经济研究室 2014 年 5 ~ 8 月在山东、河南、陕西和甘肃四省苹果适生区实地调查所得。

（二）变量选择与描述性统计分析

解释变量的设置主要是从成员参与行为特征、合作社层面特

---

① 数据来源：2013 年度和 2014 年度苹果产业经济发展年度报告，国家现代苹果产业技术体系苹果产业经济研究室测算。

征、成员参与合作社后收益变化、成员与合作社信任关系等方面探讨了各个自变量的预期作用和结果，并重点介绍本章对成员参与治理行为的重要变量的处理；控制变量的设置主要包括成员家庭经营特征和个人特征。具体变量设置如表 6 - 1 所示。

表 6 - 1　模型变量选择及其处理说明

	变量名称	变量赋值	均值	标准差
因变量	是否行使选举权（XJQ）	是 =1；否 =0	0.425	0.495
	是否行使决策权（JCQ）	是 =1；否 =0	0.366	0.483
自变量	成员参与行为特征			
	是否把苹果销售给合作社（coop_1）	是 =1；否 =0	0.311	0.464
	是否拥有股份（share）	是 =1；否 =0	0.275	0.447
	成员身份（role）	理事会成员 =1；监事会成员 =2；财务或供销员 =3；成员代表 =4；普通成员 =5	4.154	1.529
	入社时间（p_time）	（年）	3.795	2.702
	合作社层面特征			
	是否提供苹果收购服务（purchase）	是 =1；否 =0	0.538	0.499
	是否提供农资采购服务（prod）	是 =1；否 =0	0.740	0.439
	是否提供技术培训服务（train）	是 =1；否 =0	0.839	0.368
	是否有分红（bonus）	是 =1；否 =0	0.150	0.358
	理事会和监事会是否通过选举产生（board）	是 =1；否 =0	0.608	0.489
	成员收益变化			
	平均生产成本是否降低（pro_cost）	是 =1；否 =0	0.458	0.499
	获利是否公平（fair）	是 =1；否 =0	0.542	0.499
	成员与合作社的信任关系			
	对管理事务的满意程度（mana_sat）	不满意 =1；一般 =2；满意 =3	2.586	0.728
	对成员的信任程度（memb_rela）	不信任 =1；一般 =2；信任 =3	2.318	0.651
	对理事长的信任程度（board_rela）	不信任 =1；一般 =2；信任 =3	2.212	0.752
	是否签订纸质合同（con）	是 =1；否 =0	0.549	0.498

续表

	变量名称	变量赋值	均值	标准差
自变量	成员个人特征			
	受教育年限（edu）	（年）	9.154	2.742
	是不是村委会干部（ex1）	是 =1；否 =0	0.238	0.427
	是不是苹果经纪人（ex2）	是 =1；否 =0	0.183	0.388
	是不是合作社干部（ex3）	是 =1；否 =0	0.190	0.393
	风险态度（risk）	规避 =1；中性 =2；偏好 =3	2.403	0.776
	成员家庭经营特征			
	家庭种植苹果劳动力（labor）	家庭种植苹果的劳动力（个）	2.136	0.618
	苹果种植面积（a_ratio）	苹果种植面积占总耕地面积的比重（%）	0.829	0.217
	苹果种植收入（app_ratio）	苹果种植收入占农业收入的比重（%）	0.803	0.261

注：在调研过程中，按受教育程度进行调查，没上学 =1，小学 =2，初中 =3，高中或中专 =4，大专及以上 =5，在运用模型进行分析时，将受教育程度转换为受教育年限，没上学 =0 年，小学 =6 年，初中 =9 年，高中或中专 =12 年，大专及以上 =15 年。

本章通过分析成员是否在合作社行使选举权和决策权了解成员参与治理的行为。在成员样本中，行使选举权和决策权的成员分别占到样本总数的 42.49% 和 36.63%（见表 6 - 2），可见成员参与合作社治理的程度处于中下等水平，多数成员参与合作社治理的积极性不高，尚未形成合作社治理的良性机制。

表 6 - 2　成员是否行使选举权和是否行使决策权的统计情况

单位：个,%

选项	是否行使选举权		是否行使决策权	
	频数	百分比	频数	百分比
是	116	42.49	100	36.63
否	157	57.51	173	63.37

四　合作社成员治理行为实证分析

（一）检验模型

在农业合作社治理过程中，成员参与合作社治理行为具有多种情形和多种不同的方式。成员行使选举权和决策权是其参与合作社民主管理的重要方面，是否行使选举权和决策权是两个二元选择问题，同时存在相关性，因此选用双变量 Probit 模型进行分析（陈强，2010）。

成员参与治理的行为可能产生四种结果，即"有选举权，有决策权"、"有选举权，无决策权"、"无选举权，有决策权"和"无选举权，无决策权"。如果分别用虚拟变量 y_1 和 y_2 来表示以上两种行为，且设定 $y_1 = 1$ 表示成员行使选举权，而 $y_1 = 0$ 表示成员未行使选举权，$y_2 = 1$ 表示成员行使决策权，$y_2 = 0$ 表示成员未行使决策权，那么，以上四种可能结果可简单表示为（1，1）、（1，0）、（0，1）和（0，0）。成员参与治理的行为可用 p 表示，设定 $p = 1$ 表示参与，$p = 0$ 表示未参与，其为成员参与治理行为的虚拟变量。

我们用 y_1^* 和 y_2^* 分别表示成员行使选举权和决策权的隐藏变量，其表达式如下：

$$y_1^* = x'_1\beta_1 + \varepsilon_1, y_2^* = x'_2\beta_2 + \varepsilon_2, \tag{6.1}$$

（6.1）式中，x'_1 和 x'_2 分别为影响成员行使选举权和决策权的外生变量（向量），β_1 和 β_2 是待估计参数向量，假设误差项 ε_1 和 ε_2 服从联合正态分布，即

$$\begin{pmatrix} \varepsilon_1 \\ \varepsilon_2 \end{pmatrix} \sim N\left\{ \begin{pmatrix} 0 \\ 0 \end{pmatrix}, \begin{pmatrix} 1 & \rho \\ \rho & 1 \end{pmatrix} \right\} \tag{6.2}$$

其中 ρ 是 ε_1 和 ε_2 的相关系数，可观察变量 y_1 和 y_2，由以下方程决定：

$$y_1 = \begin{cases} 1 & 若 y_1^* > 0 \\ 0 & 若 y_1^* \leqslant 0 \end{cases} \quad y_2 = \begin{cases} 1 & 若 y_2^* > 0 \\ 0 & 若 y_2^* \leqslant 0 \end{cases} \quad (6.3)$$

上述两个方程的解释变量相同，两个方程的唯一联系是扰动项的相关性，如果 $\rho = 0$，则此模型等价于两个单独的 Probit 模型。当 $\rho \neq 0$ 时，可写下 (y_1, y_2) 的取值概率，并进行最大似然估计。如：

$$\begin{aligned} p_{11} &= p(y_1 = 1, y_2 = 1) \\ &= p(y_1^* > 0, y_2^* > 0) \\ &= p(\varepsilon_1 > -x'_1\beta_1, \varepsilon_2 < x'_2\beta_2) \\ &= p(\varepsilon_1 < x'_1\beta_1, \varepsilon_2 < x'_2\beta_2) \\ &= \int_{-\infty}^{x'_1\beta_1} \int_{-\infty}^{x'_2\beta_2} \varphi(z_1, z_2, \rho) dz_1 dz_2 \\ &= \Phi(x'_1\beta_1, x'_2\beta_2, \rho) \end{aligned} \quad (6.4)$$

其中，$\varphi(z_1, z_2, \rho)$ 与 $\Phi(z_1, z_2, \rho)$ 分别为标准化二维正态分布的概率密度函数与累积分布函数，期望为 0，方差为 1，相关系数为 ρ。类似地，可计算 p_{10}，p_{01}，p_{00}，将这些概率取对数后加总，即得到对数的似然函数。最后，对原假设 "$H_0: \rho = 0$" 进行检验，可判断有无必要使用双变量 Probit 模型，或估计两个单独的 Probit 模型。

（二）估计结果分析

本章运用 Stata12.0 软件，采用双变量 Probit 模型，分析成员参与合作社治理行为及其影响因素并验证其显著性。运用双变量 Probit 模型分析成员参与合作社治理行为的影响因素时可以控制无法观察的因素所导致的方程残差间相关问题，该模型的因变量为是否行使选举权和决策权，样本总数为 273 个，模型分析结果如表 6-3 所示。分析结果显示对原假设 "$H_0: \rho = 0$" 的沃尔德检验，p 值为 0.00，在 1% 的水平上通过显著性检验，故可认为 $\rho \neq 0$，所以有必要使用双变量 Probit 模型进行估计分析。

表 6 - 3　双变量 Probit 模型分析结果

	选举权（XJQ）		决策权（JCQ）	
	系数	标准误	系数	标准误
成员参与行为特征				
是否把苹果销售给合作社（coop_1）	0.520*	0.269	0.185	0.248
是否拥有股份（share）	-0.338	0.257	-0.507*	0.267
成员身份（role）	-0.048	0.075	-0.142*	0.082
入社时间（p_time）	0.009	0.034	0.024	0.039
合作社层面特征				
是否提供苹果收购服务（purchase）	-0.495**	0.251	-0.304	0.254
是否提供农资采购（prod）	0.249	0.251	0.357	0.246
是否提供技术培训（train）	-0.566*	0.341	-0.460	0.332
是否有分红（bonus）	0.029	0.298	0.533	0.327
理事会和监事会是否通过选举产生（board）	1.174***	0.202	0.861***	0.210
成员收益变化				
平均生产成本是否降低（pro_cost）	0.555***	0.199	0.560***	0.195
获利是否公平（fair）	0.644***	0.224	0.719***	0.223
成员与合作社的信任关系				
对管理事务的满意程度（mana_sat）	0.173	0.162	0.163	0.191
对成员的信任程度（memb_rela）	-0.095	0.202	0.054	0.190
对理事长的信任程度（board_rela）	0.193	0.171	0.260	0.165
是否签订纸质合同（con）	0.382*	0.199	0.222	0.196
成员个人特征				
受教育年限（edu）	0.014	0.036	-0.002	0.035
是不是村委会干部（exp1）	0.233	0.247	0.512**	0.235
是不是苹果经纪人（exp3）	-0.545**	0.247	0.068	0.264
是不是合作社干部（exp4）	0.823***	0.269	0.311	0.281
风险态度（risk）	-0.053	0.118	0.126	0.117
成员家庭经营特征				
家庭种植苹果劳动力（labor）	0.011	0.158	-0.006	0.149

	选举权（XJQ）		决策权（JCQ）	
	系数	标准误	系数	标准误
苹果种植面积（a_ratio）	− 0.187	0.426	− 0.004	0.448
苹果种植收入（app_ratio）	0.509	0.374	− 0.167	0.392
常数项（_cons）	− 2.241 **	0.971	− 2.485 ***	0.932
athrho 1.348 *** （6.77）	ρ 值 0.874			
Wald chi2（46）＝176.35	Log pseudolikelihood ＝ − 196.92604 Prob > chi2 ＝ 0.0000			
Wald test of ρ = 0	chi2（1）＝45.8888		Prob > chi2 = 0.0000	

注：*** 、** 和 * 表示在 1%、5% 和 10% 的统计水平上显著。

　　参与行为特征对成员参与合作社治理行为的影响：成员是否将苹果销售给合作社对成员行使选举权具有显著正向影响，说明成员把苹果销售给合作社的可能性越大，成员通过行使选举权参与合作社治理的概率就越大；成员在合作社的身份越低，其行使决策权的概率越小，参与合作社治理的程度就越低，这与预期一致。成员在合作社拥有股份的概率越大，其参与合作社治理、行使决策权的可能性就越小，这与预期不一致，根据实地调研，合作社中普遍存在核心成员拥有合作社的多数股份并占据主导地位，而中小成员股份较小，导致中小成员没有积极性参与合作社民主管理的情况。

　　合作社层面特征对成员参与合作社治理行为的影响：合作社是否提供苹果收购服务和是否提供技术培训对成员行使选举权具有显著负向影响，表明合作社提供苹果收购服务和技术培训服务的可能性越大，成员参与合作社治理的积极性就越低，这与预期不一致，根据实地调研，合作社提供苹果收购服务和技术培训服务的概率越大，成员就越可能把更多的时间用于苹果销售和学习苹果种植技术等与种植收益直接相关的活动，而忽视参与合作社民主管理，特别是小规模苹果种植户成员与合作社的交易量

（额）较少，或在合作社中没有出资或入股，成员更不愿浪费时间成本参与合作社民主管理，这种目标短期性行为不利于合作社规范治理与持续发展。理事会和监事会的产生方式对成员行使选举权和决策权具有显著正向影响，表明理事会和监事会的选举为成员提供了参与合作社治理的方式和渠道。

收益变化对成员参与合作社治理行为的影响：平均生产成本降低和获利公平性对成员行使选举权和决策权均具有显著正向影响，说明成员加入合作社后平均生产成本降低及获利公平有利于提高成员参与合作社治理的积极性，这与预期相一致。

成员与合作社的信任关系对成员参与合作社治理行为的影响：成员加入合作社时是否签订纸质合同对其行使选举权在10%的水平上显著为正，表明成员加入合作社时签订纸质合同的概率增加，成员参与合作社治理的积极性提高，这与研究预期一致，通过签订纸质合同，成员与合作社之间建立了正式的契约关系，即形成委托－代理关系，有利于增强成员的合作意识，提高成员参与合作社治理的程度。

家庭经营特征和个人特征对成员参与合作社治理行为的影响：成员是不是村干部对其行使决策权具有显著正向影响，成员是不是合作社干部对其行使选举权具有显著正向影响，这与研究预期一致。成员是不是苹果经纪人对其行使选举权的影响在5%的水平上显著为负，表明成员是苹果经纪人的可能性越大，其参与合作社治理、行使选举权的概率越低，可能由于成员是苹果经纪人，其社会资源比较丰富，对合作社所提供服务的需求较小，所以参与合作社治理的积极性低，行使选举权的概率低。

五　本章小结

成员是合作社治理结构中的重要组成部分和治理机制中的主要运行载体，对合作社的规范治理具有重要作用，合作社持续发展也离不开成员的积极参与和支持。本章利用山东、河南、陕西和甘肃四省苹果种植户合作社成员的调查数据，首先对成员参与合作社治理的行为进行了描述性统计分析，并在此基础上以成员参与治理的行为作为因变量，运用双变量 Probit 模型分析成员参与合作社治理行为的影响因素。研究表明，成员将苹果销售给合作社的概率越高，在合作社的职位越高，其参与合作社治理的积极性就越高；按照规范、透明程序选举产生合作社理事会和监事会，对成员参与合作社治理具有正向影响，而合作社提供苹果收购服务和技术培训服务，对成员参与合作社治理具有负向影响；合作社成员平均生产成本降低和公平获利，有利于提高成员参与合作社治理的积极性；成员与合作社签订规范合同的概率越高，其参与合作社治理的程度就越高；具有村干部或合作社管理背景的成员参与合作社治理的程度较深。

第七章
苹果合作社治理绩效评价

通过以农民专业合作组织为核心的制度创新，实现新型农业经营主体再造和农业产业组织优化，被视为提高农业效率和竞争力，并从根本上解决"小农户"与"大市场"交易联结问题的有效途径（苑鹏，2001），因而众多学者对农民合作组织的绩效、经济影响等内容进行了反复讨论。但不可否认的是，理论探索和现实仍然存在鸿沟，有待学术界的进一步探索。

在实践中，全国农民合作社在绝对数量和覆盖率上均突飞猛进；而在理论研究方面，有学者基于随机抽样的大样本调查发现，现实中的合作社本质上多为其他生产经营模式的"组织"，真正意义上的合作社难觅踪迹。研究者认为在中国现阶段，由于农户经营规模小且农户间异质性强和制度支持缺失，合作社降低交易成本、获取规模经济的优势难以发挥，而组织成本高昂的劣势却更加突出，这是真正意义的合作社在中国难寻的根本原因（邓衡山等，2016）。

由此可见，如果我们能在一个统一的分析框架下理解上述问题，必将有助于弥合理论和现实的差距。事实上，从治理视角来看，无论是合作社降低交易成本、获取规模经济的优势难以发挥还是组织成本高昂、规模较小、竞争力较弱、带动力不强的劣势，都可以从治理结构和治理绩效角度进行很好的理解和阐述。基于此，本章的目的和贡献在于，首先，基于特定产业，即高价值农产品产业分析合作社治理绩效对减弱产业差异的影响；其次，基于产业组织理论设计评价合作社治理绩效的指标体系，并进行治理绩效测度与影响因素分析；最后，运用因子分析法评估合作社治理绩效，避免专家赋权法和层次分析法的主观性。

本章在已有研究基础上基于产业组织理论构建农民合作社治理绩效指标评价体系，运用因子分析法确定各指标权重，计算合作社治理绩效指数，并对合作社治理绩效的影响因素进行分析。

一　合作社治理绩效文献回顾

合作社绩效可从二维、三维和多维等不同方面进行评价。首先是二维视角绩效评价，农民合作社的目标是实现组织和成员收益最大化，要实现这两个目标需经过投入、行为到产出、结果的基本逻辑过程，由此产生行为-结果绩效观（张征华、马锐，2015）。浙江省农业厅课题组（2008）、徐旭初（2009）和潘克定（2010）等构建了基于行为绩效和产出绩效的评价体系，界定了组织建设、运营活动、社员收益、组织发展和社会影响五方面指标。用社员总数反映合作社组织发展绩效，用合作社对当地经济发展的综合影响度反映合作社社会影响绩效。潘克定（2010）用社员总数和基地建设反映合作社发展潜力绩效，用带动当地非社员农户数反映合作社社会影响绩效。其次是三维视角绩效评价，基于约翰·埃尔金顿的"三重底线"理论，该理论内涵是企业在追求自身发展的过程中，需同时满足经济繁荣、环境保护和社会福利三方面的平衡发展，任何企业行为都至少应该达到经济、社会和环境"三重底线"的基本要求。赵佳荣（2010）构建了农民合作社"三重绩效"评价模式，即经济绩效、社会绩效和生态绩效，用社员数量反映合作社经济规模，即经济绩效；用带动非社员农户数反映合作社对农村经济发展的贡献，即社会绩效；用无公害、绿色和有机农产品的生产反映合作社环境保护，即生态绩效。最后是多维视角绩效评价，随着合作社深入发展，对合作社绩效评价的研究在前人研究的基础上也不断完善。高莹等（2015）在徐旭初等（2010）和赵佳荣（2010）的指标评价体系基础上加入"技术创新"维度。罗颖玲等（2014）结合中国合作社目前的组织现状从财务、管理、社会和生态四个方面对合作社绩效进行评估，其中用成员数量反映合作社管理绩效。

农民合作社绩效评价方法主要包括因子分析法、层次分析法、平衡计分卡法、模糊综合评价法等。文雷（2013）和陈共荣等（2014）运用平衡计分卡方法（BSC）构建了财务、客户、核心内部流程、学习与成长四个维度的合作社绩效评价指标体系。张俊与章胜勇（2015）运用 AHP－模糊综合评价模型和加权平均法，从专家学者层面分析合作社营运各方面的权重比例，从管理者视角对营运绩效进行评价，并从社员角度对评价结果进行验证。结果证明：当前合作社的总体营运绩效处于中等水平。浙江省农业厅课题组（2008）、徐旭初（2009）、侯翔（2010）、娄锋等（2016）、崔宝玉等（2016）、李道和等（2014）运用因子分析法评价合作社绩效。赵佳荣（2010）、程克群等（2011）、Dongmei 和 Man（2012）、Sun 等（2011）运用层析分析法（AHP）对合作社绩效进行评估。

在合作社绩效评价基础上探究其影响因素。黄胜忠等（2008）基于有序概率模型发现合作社绩效与治理机制紧密相关。徐旭初和吴彬（2010）、娄锋等（2016）、李道和等（2014）运用结构方程模型发现合作社内外部制度安排、治理机制和企业家才能对绩效具有正向影响。其中股权结构、企业家才能和理事会结构对合作社绩效影响较大。一个良好的合作社治理结构依赖于内外部机制协调配合，因此完善的治理机制有助于提高合作社绩效（徐旭初、吴彬，2010）。在中国合作社特殊的形成路径以及严重缺乏合作文化支撑的情况下，取得好的合作社绩效的关键在于明晰的产权制度安排和匹配的激励机制（娄锋等，2016）。梁巧等（2014）和廖媛红（2015）分析了内外部社会资本对合作社绩效具有显著的正向作用。

以往关于合作社绩效评价指标体系构建、评价及影响因素的研究成果颇丰，但仍存在一些不足。首先，在研究对象上，缺乏针对同一产业合作社治理绩效的研究，前人研究多是对不同产业合作社进行综合评价，而不同产业的属性差异会对合作社绩效评价产生偏差；其次，在评价内容上，前人研究多是评价合作社综合绩效，把治理结构、治理行为、组织规模和外部环境作为合作社综合绩效的影响因素进行分析，而较少关注合作社治理绩效的评价；最后，在指标体系设计上，由于研究目的不同，缺乏指标选择的理论基础。在中国合作社由发展初期到成熟期的过渡阶段，合作社治理绩效如何，如何评价合作社治理绩效，影响合作社治理绩效的基本因素是什么，这是农民合作社持续和规范发展的重要问题。

二 苹果合作社治理绩效的理论分析

（一）合作社治理绩效指标体系设计

1. 设计原则

合作社作为兼具营利组织和非营利组织的多元化属性的经济组织，不仅具有经济功能，同时还具有社会功能，衡量合作社治理绩效时不仅要考虑内部治理绩效，还要考虑外部环境对治理绩效的影响。构建治理绩效指标应遵循以下原则：全面性与重点性相结合，经济绩效与社会绩效相结合，科学性与可行性相结合。

2. 治理绩效评价指标体系构建

自《合作社法》颁布以来，合作社作为兼有企业属性和共同体属性的多元化社会经济组织，其绩效评价成为合作经济研究的热点之一。绩效反映了生产经营组织内部的运作效率及其对外部环境的适应力、影响力，进而决定了该组织存在的意义和价值（娄锋等，2016）。效率指用来达到组织目标的资源量，是基于为获得一定水平的产出而投入的必要的人、财、物数量，比绩效的范围小。效益指效果与利益，是组织达到目标的程度，比绩效和效率的概念范围更广。合作社治理绩效指合作社内部治理结构的运作效率及其对外部治理环境的适应力和影响力，进而决定了合作社治理的意义和价值。合作社治理绩效评价评估合作社规范化程度，对合作社规范发展和有效运行具有重要的参考价值。

根据产业组织理论，组织变量可分为结构变量和情境变量，结构变量提供了描述组织内部特征的标尺，从而为测量和比较组织奠定了基础，情境变量则反映了整个组织的特征，包括组织规模、技术、环境和目标等，它们描述了影响和决定结构变量的组织背景。理解不同结构变量与情境变量的目的就是让组织能够达到较高的绩效和有效性（理查德·L. 达夫特，2011）。因此，合作社治理绩效可以从结构变量和情境变量两个方面进行测度，结构变量包括治理结构和治理行为两方面，情境变量包括组织规模和外部环境两方面。

首先，合作社治理结构主要表现在产权结构方面。合作社机构设置主要包括成员大会、理事会、监事会（执行监事）和经理人（理事长）（黄祖辉、扶玉枝，2013）。根据实地调研，多数合作社的监事会成员与理事会成员重合。因此，治理结构指标包括理事会股权比例、理事长股权比例、最大股东持股比例。其次，合作社治理行为主要表现在决策行为、监督行为等方面。因此，治理行为指标包括 2014 年成员大会召开次数、2014 年理事会召开次数、2014 年监事会召开次数（郭鹏鹏，2013）。再次，合作社组织规模包括人、财、物三个方面。具体评价指标是合作社成员总人数和合作社服务覆盖面积（潘克定，2010）。最后，合作社治理绩效包括其对外部环境的适应力和影响力。外部环境包括市场环境、法规政策环境等。因此，合作社外部环境指标包括合作社市场竞争能力和合作社获得资金信贷的困难程度（程克群、孟令杰，2011）。治理结构和治理行为是合作社内部治理的核心组成部分。指标设置如表 7 - 1 所示。

表 7 - 1　农民合作社治理绩效指标评价体系

目标层	准则层	评价层（指标层）
治理绩效	治理结构	理事会股权比例（%）
		理事长股权比例（%）
		最大股东股权比例（%）
	治理行为	2014 年成员大会开会次数（次）
		2014 年理事会开会次数（次）
		2014 年监事会开会次数（次）
	组织规模	社员总人数（人）
		服务覆盖面积（亩）
	外部环境	合作社市场竞争能力（1 = 很弱；2 = 较弱；3 = 一般；4 = 较强；5 = 很强）
		合作社获得资金信贷困难程度（1 = 非常不困难；2 = 不困难；3 = 一般；4 = 困难；5 = 非常困难）

注：股权比例包括持股比例或出资比例，合作社股东即为合作社出资成员。

（二）合作社治理绩效影响因素的指标选取

上述指标体系从治理结构、治理行为、组织规模和外部环境四方面反映了苹果合作社治理绩效，但单一绩效指数不能解释不同合作社治理绩效存在差异的原因，因此需要对合作社治理绩效的影响因素进行分析。

相互制衡的合作社治理结构实质是一种委托代理合约安排，此种制度安排还须借助决策机制、监督机制、执行机制、激励机制、成员退社及外部扶持降低代理成本，减少道德风险，从而改善合作社治理绩效（张满林，2007）。

理事会是合作社的核心组成部分，对合作社各项事务的决策具有重要作用，决策机制用理事会相对规模表示，理事会相对规模越大，合作社的管理型交易成本越高，越可能对苹果合作社治理绩效产生负向影响；监事会是合作社内部专职监督机构，是成员行使监督权的主体，但根据实地调研，70%的样本合作社中理事会与监事会同时召开，致使监督机制失效，成员权益难以得到保障。部分样本合作社理事会与监事会成员重合说明苹果合作社治理过程中存在操作不规范、不合理问题，本章中监督机制用合作社财务公开次数表示，合作社财务公开次数越多，说明其财务公开透明度越高，可能对合作社治理绩效越具有正向影响；经理人是合作社执行机构，但根据实地调研，多数合作社经理都是由理事长兼任，执行机制用是否外聘专业经理、理事长受教育程度和理事长身份特征表示，外聘专业经理、理事长较高的受教育程度以及担任社会职务有利于提高合作社的经营管理水平，从而提高合作社治理绩效；激励机制是委托人如何设计一套激励措施促使代理人采取适当行为，使委托人效用最大化。合作社激励机制包括对管理人员的激励和对成员的激励，激励机制用是否向管理人员支付工资或报酬及向成员返还盈余和股份分红比例之和表示，向管理人员支付工资或报酬有助于提高管理人员对合作社经营管理的积极性，降低合作社治理成本，改善合作社治理绩效，向成员返还盈余和增加股份分红比例有利于提高成员参与合作社治理的程度，提升合作社治理绩效；"入社自愿，退社自由"是合作社的基本原则之一，成员退社是否有限制和要求是关系到苹果合作社持续发展的重要因素，退社的限制和要求越低，越有利于合作社发展，因此成员退社是否有限制和要求对合作社治理绩效具有负向影响；合作社作为弱势群体的组织其发展能力较弱，需要政府等相关管理部门的支持，外部扶持用是否具有依托组织和合作社示范社等级得分表示，具有依托组织以及合作社示范社等级得分越高，合作社越容易得到政府的财政、金融和项目扶持，越容易促进合作社发展，有利于合作社治理绩效的提高。

根据上述分析，本章选取决策机制、监督机制、执行机制、激励机制、成员退社和外部扶持 6 个方面的 10 个自变量分析苹果合作社治理绩效的影响因素，探索提升苹果合作社治理绩效的路径。

三　数据来源与描述性统计分析

（一）数据来源

为验证合作社治理绩效评价指标体系的科学性和合理性以及分析治理绩效的影响因素，本章研究数据是国家现代苹果产业技术体系产业经济研究室 2015 年 6～9 月在山东、山西和陕西三省苹果适生区实地调查所得。

（二）描述性统计分析

1. 总体样本描述性统计分析

山东、山西和陕西三省样本苹果合作社数量分别为 40 个、19 个和 42 个，占比分别为 39.60%、18.81% 和 41.58%。样本苹果合作社成员、注册资金和服务覆盖面积如下。

样本苹果合作社成员数平均为 240.85 人，其中样本合作社成员数最多的有 2200 人，最少的仅有 8 人。成员人数集中在 5～100 人的有 32 个样本合作社，占比 31.68%，集中在 101～200 人的也有 32 个样本合作社，占比 31.68%，由此可知样本合作社的成员人数多集中在 5～200 人。

样本苹果合作社注册资金平均为 318.91 万元，其中样本合作社注册资金最多的是 2650 万元，最少的是 0.50 万元，注册资金额集中在 0.50 万～100 万元的有 38 个样本合作社，占比 37.62%，集中在 101 万～200 万元的有 18 个样本合作社，占比 17.82%，由此可知合作社注册资金额多集中在 0.50 万～200 万元。

样本苹果合作社服务覆盖面积平均为 2556.87 亩，其中样本合作社服务覆盖面积最大的为 20000 亩，最小的为 70 亩。其中集中在 70~500 亩的有 20 个样本合作社，占比 19.80%，集中在 501~1000 亩的有 17 个样本合作社，占比 16.83%，57.43% 的样本合作社服务覆盖面积都集中在 2000 亩以下，由此可知，样本苹果合作社的规模多集中在中等水平。

2. 样本苹果合作社的治理现状分析

股权结构高度集中。样本合作社中，94.06% 的苹果合作社样本都设置了成员大会、理事会和监事会，并制定了"三会"制度，由此可知合作社组织机构设置健全。但股权结构在成员中设置不平衡，理事会股权比例平均达 70.55%，理事长股权比例平均高达 47.26%，最大股东股权比例平均高达 53.81%。根据实地调研，理事长多为合作社最大股东，由此可知，苹果合作社的成员股权结构高度集中。

理事会主导决策权。样本合作社中，成员大会的平均开会次数是 3.35 次，根据实地调研，开会内容主要是技术培训或交流苹果种植技术，而不是针对合作社的民主管理和利益分配等重大决策。理事会开会次数平均为 4.59 次，而监事会仅为 2.18 次，但理事会和监事会会议内容多是与苹果种植技术和合作社经营业务相关，而较少涉及合作社民主管理、民主决策或合作社相关事务监督等，且合作社的决策权多由理事会主导。

组织规模处于中等水平。样本合作社中，成员数平均为 241 人，合作社服务覆盖面积平均为 2556.87 亩，由此可知，合作社组织规模多处于中等水平。

合作社获得资金信贷比较困难。样本合作社的市场竞争力处于中等水平，但合作社获取资金信贷比较困难，表明外部治理环境对提高合作社治理绩效的影响较小。

表 7-2 农民合作社治理绩效评价指标数据描述

代码	评价指标层	均值	标准差	最小值	最大值
I_1	理事会股权比例（%）	70.55	31.31	0.00	100.00
I_2	理事长股权比例（%）	47.26	32.29	0.02	100.00
I_3	最大股东股权比例（%）	53.81	32.50	0.44	100.00
I_4	2014 年成员大会开会次数（次）	3.35	3.07	0	20
I_5	2014 年理事会开会次数（次）	4.59	5.86	0	40
I_6	2014 年监事会开会次数（次）	2.18	4.28	0	40
I_7	成员总人数（人）	240.85	304.13	8	2200
I_8	服务覆盖面积（亩）	2556.87	3276.82	70	20000
I_9	合作社市场竞争能力	2.47	1.25	1	5
I_{10}	合作社获得资金信贷困难程度	4.00	1.19	1	5

3. 苹果合作社治理绩效影响因素的变量设置与描述性统计分析

根据治理绩效影响因素指标选取的理论分析，具体影响因素指标设置如表 7-3 所示。

表 7-3 治理绩效影响因素的选择、定义与数据特征

变量名	变量定义	均值	标准差	预期
决策机制				
理事会相对规模	理事会成员数占合作社成员总数比重（%）	5.83	6.38	－
监督机制				
财务公开次数	上一年合作社财务公开次数（次）	1.21	1.88	＋
执行机制				
是否聘请职业经理人	1＝是；0＝否	0.21	0.41	＋
理事长受教育程度	1＝没上学；2＝小学；3＝初中；4＝高中或中专；5＝大专及以上	3.82	0.73	＋

续表

变量名	变量定义	均值	标准差	预期
理事长身份特征	1 = 村干部、乡镇站所负责人；2 = 企业负责人或员工；3 = 果商或经纪人；4 = 农资经销商；5 = 种植大户，6 = 普通农户	2.79	1.61	+ / －
激励机制				
盈余返还与股份分红	按交易量（额）向成员返还盈余比例和股份分红比例之和（%）	24.93	33.84	+
管理人员报酬	1 = 有；0 = 无	0.13	0.34	+
成员退社				
成员退社是否有限制	1 = 有；0 = 无	0.10	0.30	－
外部扶持				
是否具有依托组织	1 = 有；0 = 有	0.47	0.50	+
合作社示范社等级得分	（分）	4.99	2.62	+

注：国家级示范性合作社为 10 分，省级示范性合作社为 8 分，市级示范性合作社为 6 分，县级示范性合作社为 4 分，均不是为 2 分。

样本合作社中，理事会相对规模平均为 5.83%，表明合作社设立了相对完善的理事会制度，并对合作社相关事务进行决策；合作社上一年度财务公开次数平均为 1.21 次，表明合作社的财务公开制度趋于完善；聘请职业经理人的比例仅为 21%，表明多数合作社的经理人由理事长兼任，理事长平均受教育程度为高中或中专，其身份多为果商或经纪人；合作社盈余返还和股份分红比例较低，平均仅为 24.93%，向管理人员支付工资或报酬的比例也较低，平均仅为 13%，表明合作社对成员和管理人员激励不足；成员退社有限制和要求的样本合作社仅为 10%，表明成员退社能力较弱，难以对核心成员退出形成制衡；47% 的样本合作社具有政府、村委会、企业或技术推广部门等依托组织，合作社示范社等级得分为 4.99 分，表明合作社的外部扶持处于中等水平。

四 合作社治理绩效指数测算

合作社治理绩效评价指标权重的确定方法主要包括专家赋权法、层次分析法、因子分析法等，其中专家赋权法和层次分析法的权重设置依赖于专家判断，具有一定主观性，评价效果欠佳。通过因子分析法可得到客观的权重并验证指标的合理性和科学性（崔宝玉等，2016）。本章采用 Stata12.0 软件，利用因子分析法确定合作社治理绩效指标权重并计算治理绩效指数。

（一）适用性检验

首先运用 Stata12.0 软件对原始数据进行标准化处理，进一步计算其相关系数矩阵和 KMO 值以及进行 Bartlett 球形检验，判断因子分析的适用性。一般认为，若 KMO 值小于 0.5 时不宜进行因子分析，本章中 KMO 值为 0.6367，说明因子分析的结果可以接受。

此外，Bartlett 球形检验值为 254.23[①]，自由度为 45，通过 1% 的显著性检验（p 值为 0.000），代表总体样本的相关系数矩阵间存在共同因子，适合进行因子分析。

（二）确定公因子

提取公因子并通过计算得到相关系数矩阵的特征值和特征向量。前 4 个特征值（转轴后）分别为 2.220、2.180、1.600 和 1.178，贡献率分别为 22.20%、21.80%、16.00%、11.78%，累计贡献率达到 71.77%，说明这四个因子包含了全部指标的大部分信息，因此本章选取这 4 个因子代表原变量。

---

① 本文用 Stata12.0 软件做因子分析，不宜做 Bartlett 球形检验，而是用似然比检验的卡方值作为球形检验值〔LR test：independent vs. saturated：chi2（45）= 254.23 Prob > chi2 = 0.0000〕。

（三）建立因子载荷矩阵并命名因子

根据最大方差正交旋转法对因子载荷矩阵施行最大正交旋转，转轴后的因子载荷矩阵见表 7-4，本章所提取的 4 个因子分别用 F_1、F_2、F_3 和 F_4 表示。第一个主因子 F_1 在 I_4、I_5 和 I_6 上的系数较大，第二个主因子 F_2 在 I_1、I_2 和 I_3 上的系数较大，第三个主因子 F_3 在 I_7 和 I_8 上的系数较大，第四个主因子 F_4 在 I_9 和 I_{10} 上的系数较大。因此，第一个主因子 F_1 对应于治理行为因子，第二个主因子 F_2 对应于治理结构因子，第三个主因子 F_3 对应于组织规模因子，第四个主因子 F_4 对应于外部环境因子。

表 7-4　转轴后的因子载荷矩阵

指标	F_1 治理行为	F_2 治理结构	F_3 组织规模	F_4 外部环境
2014 年成员大会开会次数（次）（I_4）	0.7680	0.1111	0.0805	0.1455
2014 年理事会开会次数（次）（I_5）	0.7782	-0.0556	0.1014	0.0197
2014 年监事会开会次数（次）（I_6）	0.8325	-0.1380	0.0225	0.0709
理事会股权比例（%）（I_1）	-0.0526	0.7617	-0.2771	0.1998
理事长股权比例（%）（I_2）	0.0162	0.8740	0.0853	-0.1949
最大股东股权比例（%）（I_3）	-0.0405	0.8803	-0.0097	0.0421
社员总人数（人）（I_7）	0.0192	0.0479	0.8643	-0.0965
服务覆盖面积（亩）（I_8）	0.0840	-0.1212	0.8555	0.0879
合作社市场竞争能力（I_9）	0.1900	0.0096	-0.0447	0.8640
合作社获得资金信贷困难程度（I_{10}）	-0.5323	-0.0947	0.1319	0.5553

（四）计算各因子得分及综合评价得分

本章运用回归法计算出因子系数得分矩阵如表 7-5 所示。设 F_1、F_2、F_3 和 F_4 分别是各个合作社样本在 4 个因子上的得分，由因子系数得分矩阵可得线性方程组：

$$F_1 = -0.003I_1 + 0.018I_2 - 0.007I_3 + \cdots - 0.261I_{10}$$

$$F_2 = 0.340I_1 + 0.410I_2 + 0.410I_3 + \cdots - 0.035I_{10}$$

$$F_3 = -0.123I_1 + 0.105I_2 + 0.052I_3 + \cdots + 0.117I_{10}$$

$$F_4 = 0.177I_1 - 0.151I_2 + 0.050I_3 + \cdots + 0.483I_{10}$$

其中 I_1，I_2，$\cdots$，I_{10} 为各项指标经预处理之后的标准化数据，最后以各因子所对应的贡献率为权重进行加权求和，即 $Y = 0.309F_1 + 0.304F_2 + 0.223F_3 + 0.164F_4$，从而可得到合作社治理绩效指数。合作社治理结构和治理行为对其治理绩效的贡献率较大，分别为 22.20% 和 21.8%。

表 7 - 5 因子系数得分矩阵

指标	F_1 治理行为	F_2 治理结构	F_3 组织规模	F_4 外部环境
理事会股权比例（%）（I_1）	- 0.003	0.340	- 0.123	0.177
理事长股权比例（%）（I_2）	0.018	0.410	0.105	- 0.151
最大股东股权比例（%）（I_3）	- 0.007	0.410	0.052	0.050
2014 年成员大会开会次数（次）（I_4）	0.345	0.070	0.022	0.113
2014 年理事会开会次数（次）（I_5）	0.348	- 0.009	0.022	0.004
2014 年监事会开会次数（次）（I_6）	0.375	- 0.050	- 0.036	0.043
社员总人数（人）（I_7）	- 0.033	0.075	0.553	- 0.064
服务覆盖面积（亩）（I_8）	- 0.009	- 0.003	0.537	0.089
合作社市场竞争能力（I_9）	0.073	0.017	- 0.020	0.731
合作社获得资金信贷困难程度（I_{10}）	- 0.261	- 0.035	0.117	0.483

（五）合作社治理绩效指数测算结果分析

分析结果表明：（1）前 4 个特征值（转轴后）分别为 2.220、2.180、1.600 和 1.178，累计贡献率达到 71.77%，说明它们包含了全部指标的大部分信息且治理结构和治理行为对治理绩效的贡献率较大，达到 44.00%。（2）由表 7 - 6 可知苹果合作社总体治理绩效水平较低。治理绩效指数处于 - 0.50 到 0.00 之间的苹果合作社样本有 38 个，占比 37.62%；处于 0.00 到 0.50 之间的苹果合作社样本有 37 个，占比 36.63%。因此，74.25% 的样本苹果合作社治理绩效指数处于 - 0.50 到 0.50 之间。（3）由表 7 - 6 可知陕西苹果合作社治理绩效水平明显高于山东和山西，山东苹果合作社治理绩效水平最低。一方面，可能是由于陕西苹果合作社发展的后发优势较大。山东果农合作组织发展较早，苹果合作社多是由果农协会演化而来，因此其治理规范化程度相对较低，而陕西苹果合作社多是 2007 年《合作社法》颁布以来组建成立的，其规范化程度相对较高。另一方面，可能是由于陕西位于内陆地区，交通不便，经济发展水平相对较低，在苹果种植、储藏和销售方面，陕西苹果种植户对合作社的需求程度相对更高，更能够基于农户的内生需求组建合作社，其治理规范化程度也相对较高。

表 7 - 6 各省份苹果合作社绩效指数分布

省份	山东		山西		陕西		总计	
治理绩效指数区间	样本数（个）	占比（%）	样本数（个）	占比（%）	样本数（个）	占比（%）	样本数（个）	占比（%）
- 1.50 ~ - 0.50	6	15.00	4	21.05	4	9.52	14	13.86
- 0.50 ~ 0.00	14	35.00	9	47.37	15	35.71	38	37.62
0.00 ~ 0.50	16	40.00	3	15.79	18	42.86	37	36.63
0.50 ~ 1.00	3	7.50	2	10.53	4	9.52	9	8.91
1.00 ~ 1.50	1	2.50	0	0.00	1	2.38	2	1.98
1.50 ~ 2.50	0	0.00	1	5.26	0	0.00	1	1.00
总计	40	100.00	19	100.00	42	100.00	101	100.00
绩效指数均值	- 0.04889		0.00003		0.04655		- 1.64E - 09	

五 合作社治理绩效影响的因素分析

（一）合作社治理绩效总体估计结果分析

根据上文，利用因子分析法对治理行为、治理结构、组织规模和外部环境提取公因子，保存相应因子得分，获得治理行为、治理结构、组织规模和外部环境的绩效水平值，并得出合作社治理绩效指数值。以合作社治理绩效指数为因变量，利用多元线性回归模型进行分析，其平均方程膨胀因子为 1.30，没有存在显著的多重共线性；进行怀特检验，得出 p 值为 0.703，因此接受原假设，可知不存在异方差问题。回归方程在 1% 水平上显著，表明所建模型是有效的，方程拟合优度为 0.23。具体估计结果如表 7-7 所示。

表 7-7 OLS 回归估计结果

自变量	代码	系数	稳健标准误	p 值
理事会相对规模	X_1	-0.016**	0.008	0.045
财务公开次数	X_2	-0.037**	0.016	0.025
是否聘请职业经理人	X_3	0.244*	0.138	0.080
理事长受教育程度	X_4	-0.063	0.058	0.278
理事长身份特征	X_5	0.007	0.033	0.826
盈余返还与股份分红	X_6	-0.003**	0.002	0.025
是否向管理人员支付工资或报酬	X_7	0.108	0.138	0.438
成员退社是否有限制和要求	X_8	-0.313**	0.155	0.046
是否具有依托组织	X_9	-0.031	0.102	0.761
合作社示范社等级得分	X_{10}	0.067*	0.022	0.003
常数项	_cons	0.095	0.234	0.687

样本总量 = 101　　F (10, 90) = 2.73　　p 值 = 0.0056　　R^2 = 0.233

注：**、* 分别表示在 5% 和 10% 的水平上显著。

理事会相对规模在 5% 的显著性水平上对合作社治理绩效具有负向影响，这与预期一致。理事会相对规模越大，参与合作社日常管理决策的人数就越多，越易陷入集体行动困境，增加管理型交易成本，降低合作社决策效率，使合作社治理绩效难以得到改善。Doorneweert（2008）也曾提出合作社绩效改进需要"小规模"的理事会成员管理团队。

财务公开次数在 5% 的显著性水平上对合作社治理绩效具有负向影响，这与预期相反。根据实地调研，合作社财务会计人员业务能力偏低，管理层人员缺乏专业管理知识且对财会制度不熟悉，财务公开制度更是难以落实，财务公开次数越多，说明成员对合作社的信任度越低，不利于改善合作社治理绩效，需要通过公开财务加强对合作社的监督。

是否聘请职业经理人在 10% 的显著性水平上对合作社治理绩效具有正向影响，这与预期一致。随着合作社规模的扩大，外聘专业经理对合作社进行专业化管理是提高合作社治理绩效、增强合作社治理规范化的重要途径。

按交易量（额）返还盈余比例和股份分红比例在 5% 的显著性水平上对合作社治理绩效具有负向影响，这与预期相反。可能是由于合作社处于由初级发展向成熟期过渡阶段，合作社向成员返还盈余比例和按股份分红比例越高，用于合作社自身发展和建设的资金就越少，不利于提高合作社治理绩效。

成员退社是否有限制和要求在 5% 的显著性水平上对合作社治理绩效具有负向影响，这与预期一致。成员退出合作社的限制和要求越多，成员退出合作社就越困难，退出能力就越弱，合作社治理绩效水平就越低。林毅夫（1992）也曾指出成员退出权被剥夺不利于合作社发展，所以本研究结果是稳健的。

合作社示范社等级得分在 1% 的显著性水平上对合作社治理绩效具有正向影响，这与预期一致。合作社示范社等级得分越高，合作社内部运行越规范，越容易获得国家对其在税收、财政、金融、涉农项目和人才方面的扶持，其治理绩效水平就越高。

（二）合作社治理绩效各因子估计结果分析

为了深入探析各影响因素对治理行为、治理结构、组织规模和外部环境四方面绩效的作用，本章以四方面绩效作为被解释变量，由于不可观测因素同时对几个方面绩效造成影响，因此利用 SUR 模型对四个因子的绩效水平进行回归分析。在进行 SUR 模型回归时，采用自抽样方法削弱异方差影响，各方程扰动项之间"无同期自相关"的检验 p 值为 0.0742，可在 10% 的显著性水平上拒绝各方程的扰动项互相独立的原假设，因此使用 SUR 模型进行系统估计可以提高估计效率（陈强，2010）。具体分析结果如表 7-8 所示。

表 7-8　SUR 模型回归估计结果

自变量	代码	治理行为 Y1	治理结构 Y2	组织规模 Y3	治理环境 Y4
理事会相对规模	X_1	—	—	-0.053*** (0.013)	-0.008 (0.016)
财务公开次数	X_2	-0.033 (0.053)	-0.099* (0.052)	-0.032 (0.045)	0.073 (0.053)
是否聘请职业经理人	X_3	0.557** (0.243)	-0.110 (0.235)	0.413** (0.206)	0.061 (0.244)
理事长受教育程度	X_4	-0.093 (0.133)	-0.120 (0.128)	—	—
理事长身份特征	X_5	-0.045 (0.069)	0.029 (0.069)	-0.096* (0.060)	0.198*** (0.071)
盈余返还与股份分红	X_6	—	-0.009*** (0.003)	0.002 (0.003)	-0.006* (0.003)
是否向管理人员支付工资或报酬	X_7	—	0.571** (0.287)	0.319 (0.248)	-0.559* (0.298)
成员退社是否有限制和要求	X_8	-0.492 (0.327)	-0.199 (0.314)	-0.150 (0.272)	-0.338 (0.322)
是否具有依托组织	X_9	0.132 (0.226)	-0.130 (0.218)	-0.201 (0.189)	0.064 (0.224)

自变量	代码	治理行为 Y1	治理结构 Y2	组织规模 Y3	治理环境 Y4
合作社示范社等级得分	X_{10}	0.050 (0.039)	0.038 (0.042)	0.115 *** (0.037)	0.081 * (0.044)
截距项	_cons	0.190 (0.614)	0.574 (0.546)	-0.034 (0.316)	-0.798 ** (0.376)
拟合优度		0.112	0.201	0.386	0.143
卡方统计量		12.740	25.350	63.240	16.860
p 值		0.079	0.003	0.000	0.051

注：***、**、*分别表示在1%、5%和10%的水平上显著；括号中的数值表示标准误。

理事会相对规模对合作社治理环境绩效的影响不显著，对组织规模绩效在1%的显著性水平上有负向影响，表明较多的理事会成员降低了合作社的决策效率，削弱了合作社的组织规模绩效。

财务公开次数对治理行为、组织规模和外部环境绩效影响不显著，对治理结构绩效在10%的显著性水平上有负向影响，表明合作社公开财务次数越多，合作社的内部监督越弱，合作社越需要多数成员的监督，合作社治理结构的绩效越低。

是否聘请职业经理人对治理行为绩效和组织规模绩效在5%的显著性水平上有正向影响，而对治理行为绩效和外部环境绩效影响不显著，表明合作社外聘专业经理的概率越大，合作社的专业化管理水平越高，合作社治理行为和组织规模绩效就越高。

理事长的身份特征对治理结构绩效和治理行为绩效的影响不显著，对组织规模在10%的显著性水平上具有负向影响，表明理事长担任政府或企业相关社会职务有利于提高合作社的组织规模绩效，理事长担任社会职务可以获取更多的市场和政策信息，并且具有利用社会资源和应对市场风险的优势，对外部环境绩效在1%的显著性水平上具有正向影响，表明理事长担任社会职务不利于提高合作社的外部环境绩效，可能是由于理事长担任社会职务使其不能集中精力管理、经营合作社，使合作社不能适应外部环境的发展，降低了合作社的外部环境绩效。

盈余返还和股份分红比例之和对组织规模绩效的影响不显著，对治理结构绩效和外部环境绩效在 1% 和 10% 的显著性水平上具有负向影响，表明按交易量（额）盈余返还和股份分红比例越高，越不利于改善合作社治理结构绩效和外部环境绩效。由于目前合作社多处于由初级发展向成熟期过渡阶段，需要投入较多的资金对合作社进行建设和发展，而合作社盈余返还和股份分红比例越高，用于组织建设和发展的资金则越少，因此不利于提高合作社治理结构绩效和外部环境绩效。

是否向管理人员支付工资或报酬对组织规模绩效的影响不显著，对治理结构绩效在 5% 的显著性水平上具有正向影响，表明向管理人员支付工资或报酬的概率越高，越能够激励管理人员有效地对合作社进行经营管理，越有利于提高合作社的治理结构绩效。对外部环境在 10% 的显著性水平具有负向影响，表明向管理人员支付工资或报酬的概率越高，越不利于改善合作社的外部环境绩效。

合作社示范社等级得分对其治理结构和治理行为绩效影响不显著，对组织规模绩效和外部环境绩效在 1% 和 10% 的显著性水平上具有正向影响，表明合作社示范社等级得分越高，合作社管理水平越高，其内部规范化程度也越高，因此越有利于提高合作社组织规模绩效和外部环境绩效。

六　本章小结

本章利用山东、山西和陕西三省 11 县（市、区）101 家苹果合作社样本，在合作社治理绩效定义的基础上，运用因子分析法，测度合作社治理绩效指数，分析合作社治理绩效及其影响因素。研究结果如下。

（1）苹果合作社治理结构绩效和治理行为绩效对其治理绩效的贡献率较大，总体治理绩效水平偏低。从地理区域来看，陕西产区的苹果合作社治理绩效水平高于山东和山西，山东产区的苹果合作社治理绩效水平最低，可能是由于陕西苹果合作社的后发优势较大。山东果农合作组织发展较早，其苹果合作社多是由果农协会演化而来，因此其治理规范化程度相对较低，而陕西苹果合作社多是2007年《合作社法》颁布以来组建成立的，其规范化程度相对较高；另外，可能是由于陕西位于内陆地区，交通不便，经济发展水平相对较低，在苹果种植、储藏和销售方面，陕西果农对合作社的需求程度相对更高，更能够基于农户的内生需求组建成立合作社，其治理规范化程度也相对较高。

（2）理事会是合作社决策机制的关键部分。理事会规模小的合作社的治理绩效水平较高，特别是可提高合作社组织规模绩效；财务公开是成员监督合作社的重要方面。财务公开次数越多，越不利于提高合作社治理绩效，因此合作社应适度公开财务状况，尤其是要增加财务公开的有效性和实效性，避免财务公开流于形式；执行机制关系到合作社的经营管理状况。聘请职业经理人有利于提高合作社治理绩效，特别是有助于改善治理行为绩效和组织规模绩效；激励机制是促进成员效用最大化的有效途径。一定比例的盈余返还和股份分红有利于提高成员参与合作社治理的积极性，但在合作社由初级发展向成熟期过渡阶段，需要平衡合作社自身组织发展和成员激励之间的关系；"入社自愿，退社自由"是合作社的基本原则之一。成员退社没有限制和要求，有利于改善合作社治理绩效；外部扶持是政府对合作社发展的有力帮助。合作社示范社等级得分越高，合作社管理水平也越高，越有利于提高合作社治理绩效，特别是有利于提高组织规模绩效和外部环境绩效，促进合作社持续有效发展。

▶ **第八章**

结论与对策

    苹果合作社作为现代苹果产业的重要市场组织，其治理结构、治理行为和治理绩效对组织规范发展至关重要。本章在苹果合作社治理理论分析的基础上，分析有效的苹果合作社治理结构模式、合理的治理行为及合作社治理绩效评价。研究结果表明，苹果合作社治理产生的根源在于所有权与控制权的分离，治理目标是在产权清晰界定的基础上明确各相关利益主体的权利和责任分布，降低合作社管理型和市场型交易成本，提高其决策效率，使成员收益最大化。在合作社治理过程中，有效的治理结构、合理的治理行为及有效的市场环境有利于提高合作社治理效率、合作社治理绩效，促进合作社规范化治理。本章对苹果合作社治理结构、行为和绩效的主要研究结论进行概括，从外部环境、组织治理和成员治理等方面，提出优化苹果合作社治理的对策建议，此外，就进一步的研究方向和有待深化的问题进行讨论。

一　研究结论

（一）苹果合作社治理源于所有权与控制权的分离

    以苹果合作社为案例，以苹果合作社治理结构、治理行为和治理绩效为研究对象，基于合作经济理论分析合作社治理产生的根源，即合作社所有权与控制权的分离。在合作社诞生期和发展期，成员直接参与合作社治理和经营管理可降低合作社管理型交易成本，随着合作社由发展期向成熟期过渡，其规模逐渐扩大，所有成员参与合作社决策制定和经营管理是难以实现的，因此需要在合作社中选出具有企业家精神的成员以及聘请职业经理人对合作社进行规范治理和有效管理。目前在以小农为主的农业生产经营制度下，合作社成员具有显著的异质性，作为合作社所有者的全体成员，特别是普通成员不能在合作社的所有问题上进行决策，需要委托理事会成员对合作社进行治理和经营管理，从而使合作社所有权与控制权分离。合作社剩余索取权与剩余控制权被限定在组织内部，不可市场化流通，加剧合作社代理问题（Vitaliano，1983）。

苹果合作社治理属于专业从事苹果产业生产经营的农户所组成的互助性联合经济组织的制度安排，即以家庭承包经营为基础，以独立经营的苹果种植户为基本组成单位及主要服务对象，通过理事会、监事会、股东成员、经营管理人员和其他利益相关者组成的组织结构，提供苹果生产资料购买，苹果销售、加工、运输、贮藏及与苹果种植相关的技术、信息等服务，保证合作社有效运行和持续发展。通过建立苹果合作社治理的理论分析框架，基于委托代理、利益相关者、交易成本和产权四个方面分析苹果合作社治理理论，为后续治理结构、治理行为和治理绩效研究奠定理论基础。

（二）"成员大会－理事会"治理模式的绩效较高

有效的合作社治理结构模式是合作社规范化治理的前提。本章以合作社治理结构中全体成员、理事会、监事会和经理人（理事长）等相关利益主体为基础，遵循委托代理理论分析范式，以实地调研数据及案例为依据，构建"成员大会－理事会"和"普通成员－核心成员－理事会"两种典型的合作社治理结构模式。

以苹果合作社为案例，解析两种治理结构模式的运行过程、比较分析其治理结构状况。研究发现，"成员大会－理事会"治理结构模式与"普通成员－核心成员－理事会"治理结构模式相比，前者的成员参与程度更高，而且在管理型交易成本和市场型交易成本的节约方面具有优势，其原因主要体现在成员行为动机与利益诉求存在差异、委托代理关系的逻辑构架不同、成员间存在明显的信息不对称，以及市场型交易成本存在差异四个方面。

（1）"成员大会－理事会"治理结构模式的成员行为动机与利益诉求趋于相同，而"普通成员－核心成员－理事会"治理结构模式由于全体成员分化为普通成员与核心成员，这两类成员的行为动机和利益诉求是不同的。

（2）相比于"成员大会－理事会"治理结构模式，"普通成员－核心成员－理事会"治理结构模式的委托代理关系链条更长，因此委托代理关系更加复杂，并产生更高的代理成本和监督成本。

（3）在"成员大会－理事会"治理结构模式中，合作社成员之间、理事会成员之间以及成员与理事会之间在信息掌握程度方面具有较大的相同性或相似性，而在"普通成员－核心成员－理事会"治理结构模式中，成员之间较强的异质性使其在合作社中的地位不平等，成员掌握信息程度不同导致成员之间存在严重的信息不对称。

（4）在"成员大会－理事会"治理结构模式中，成员之间具有相同或相似的资源禀赋与股权结构，在合作社享有公平的地位和合理的利益分配权，因而其参与合作社的积极性较高，易形成集体行动，理事会的决策效率更高、适应市场的能力更强，从而增强合作社在市场交易中的谈判能力、交易成本控制能力和竞争能力。在"普通成员－核心成员－理事会"治理结构模式中，随着成员分化为普通成员与核心成员，核心成员易形成集体行动。被边缘化的普通成员由于其参与合作社治理的成本大于收益，难以形成集体行动，会降低合作社的决策效率，从而降低合作社的市场谈判能力和竞争能力，增加合作社交易成本。

本章研究结论与 Condon（1987）、林坚和黄胜忠（2007）、邵科和徐旭初（2008）、黄胜忠等（2008）、邵科和徐旭初（2013）、李玉勤（2008）关于合作社成员较高的异质性不利于合作社持续发展的观点相一致，核心成员控制下的苹果合作社治理结构模式在短期内存在具有一定的合理性，但从合作社长期发展来看，则需在降低成员股权集中度和加强成员培训基础上缩小成员之间在股权结构和资源禀赋方面的差异，鼓励成员在业务、资本和管理三个维度全面参与合作社治理，提高合作社决策效率，降低合作社管理型和市场型交易成本，改善合作社治理绩效。

（三）苹果合作社治理行为

本章在合作社利益分配行为、决策行为、监督行为、所有权结构和控制权结构分析的基础上，运用结构方程模型和全国优势产区苹果重点生产县（市、区）的苹果合作社实地调研数据，就利益分配行为对合作社决策行为、监督行为、所有权结构和控制权结构的影响机制进行分析。研究发现如下结果。

（1）苹果合作社利益分配行为对其决策行为具有显著影响。决策行为关系到合作社民主管理原则和经营战略制定，合理的利益分配既有利于促进理事会成员及理事长对合作社的经营管理，又可以提高成员参与合作社治理的积极性，促进合作社民主管理。

（2）苹果合作社利益分配行为对其监督行为具有显著影响。合作社作为弱势群体的互助性经济组织，监督行为是促进合作社有效运行的重要方面，利益分配行为决定了成员特别是监事会成员能否规范履行其职责，从而明显减少合作社管理人员的机会主义行为倾向。

（3）苹果合作社利益分配行为对其所有权结构具有显著影

响。利益分配标准的决定方式越集中在少数理事会成员手中，利益分配方式越倾向于股份化，合作社所有权结构也越集中，但严重影响普通成员特别是小股成员的权利。

（4）苹果合作社利益分配行为对其控制权结构具有显著影响。在苹果合作社机构设置过程中，成员大会、理事会、监事会和经理人在其利益分配过程中发挥关键作用，利益分配行为对成员大会、理事会和监事会的会议次数具有显著影响。

与同类研究成果相比，上述研究结论利用中国苹果合作社的微观调研数据，验证了利益分配行为是合作社治理问题的重要方面，是合作社发展成熟的关键，有效的决策行为和监督行为以及合理的所有权结构和控制权结构需要缩小成员异质性，完善内部制度（孙艳华等，2007；张雪莲、冯开文，2008；黄胜忠等，2008；徐旭初、吴彬，2010），只有加强农户与合作社的利益联结，才能促进合作社民主管理，改善合作社治理绩效。

（四）苹果合作社成员的治理行为

成员是合作社治理结构的重要组成部分和治理机制的主要运行载体，对合作社的规范治理具有重要作用，合作社持续发展也离不开成员的积极参与和支持。本章利用全国优势产区苹果重点生产县（市、区）苹果合作社成员（苹果种植户）实地调研数据，首先对成员参与合作社治理的行为进行了描述性统计分析，在此基础上以成员参与治理的行为作为因变量，运用双变量 Probit 模型分析成员参与合作社治理行为的影响因素。研究发现如下结论。

（1）参与行为特征对成员参与合作社治理行为的影响。成员是否将苹果销售给合作社对成员行使选举权具有显著正向影响，说明成员将苹果销售给合作社的可能性越大，成员通过行使选举权参与合作社治理的概率越大；成员在合作社的身份越低，其行使决策权的概率越小，参与合作社治理的程度越低，这与预期一致。成员在合作社拥有股份的概率越大，其参与合作社治理行使决策权的可能性越小，这与预期不一致。根据实地调研，合作社中普遍存在核心成员拥有合作社的多数股份并占据主导地位，而中小成员股份较小，导致中小成员没有积极性参与合作社民主管理的情况。

（2）合作社层面特征对成员参与合作社治理行为的影响。合作社是否提供苹果收购服务和技术培训对成员行使选举权具有显著负向影响，表明合作社提供苹果收购服务和技术培训服务的可能性越大，成员参与合作社治理的积极性越低，这与预期不一致，根据实地调研，合作社提供苹果收购服务和技术培训服务的概率越大，成员越可能把更多的时间用于苹果销售和学习苹果种植技术等与种植收益直接相关的活动，而忽视参与合作社民主管理，特别是小规模苹果种植户成员与合作社的交易量（额）较少，或在合作社中没有出资或入股，成员更不愿浪费时间成本参与合作社民主管理。按照规范、透明程序选举产生合作社理事会和监事会对成员行使选举权和决策权具有显著正向影响，表明理事会和监事会的选举为成员提供了参与合作社治理的方式和渠道。

（3）收益变化对成员参与合作社治理行为的影响。平均生产成本降低和获利公平性对成员行使选举权和决策权均具有显著正向影响，说明成员加入合作社后平均生产成本降低及公平获利有利于提高成员参与合作社治理的积极性，这与预期相一致。

（4）成员与合作社信任关系对成员参与合作社治理行为的影响。成员加入合作社是否签订规范合同对其行使选举权在10%的显著性水平上为正，表明成员加入合作社签订规范合同的概率增加，成员参与合作社治理的积极性大，这与研究预期一致，通过签订规范合同，成员与合作社之间建立了正式的契约关系，即形成委托－代理关系，有利于增强成员的合作意识，提高成员参与合作社治理的程度。

（5）家庭经营特征和个人特征对成员参与合作社治理行为的影响。成员是不是村干部对其行使决策权具有显著正向影响，成员是否具有合作社管理背景对其行使选举权具有显著正向影响，这与研究预期一致。成员是不是苹果经纪人对其行使选举权的影响在5%的水平上显著为负，表明成员是苹果经纪人的可能性越大，其参与合作社治理行使选举权的概率越小，可能由于成员是苹果经纪人，其社会资源比较丰富，对合作社提供服务的需求较小，参与合作社治理的积极性越低，行使选举权的概率就越小。

上述研究结论与崔宝玉（2009）、Xiang 等（2010）、Pascucci 和 Gardebroek（2010）、蔡荣和韩洪云（2012）、孙亚范和余海鹏（2012）、邵科和黄祖辉（2014）、张连刚和柳娥（2015）等学者认为成员参与合作社业务和管理的程度越高，其参与合作社的积极性越高，行使选举权和决策权的可能性越大，这与参与合作社治理程度越高的研究观点基本一致。同时，本章发现成员在合作社拥有股份的概率越大，其参与合作社治理行使决策权的可能性越小，这与预期不一致，可能是由于合作社普遍存在大股东控制，中小股东难以真正参与合作社治理的问题。此外，合作社提供苹果收购服务和技术培训服务的可能性越大，成员参与合作社治理的积极性越低，这与预期不一致，可能是由于成员把更多的时间用于苹果销售和学习苹果种植技术等与种植收益直接相关的活动，而忽视参与合作社民主管理，这种目标短期性行为不利于合作社规范治理与持续发展。

（五）苹果合作社治理绩效评价

合作社治理绩效评价用于评估合作社规范化程度，对合作社规范发展和有效运行具有重要参考价值。本章利用全国优势产区苹果重点生产县（市、区）苹果合作社实地调研数据，在合作社治理绩效定义的基础上，运用因子分析法测度合作社治理绩效指数，分析影响合作社治理绩效的相关因素。研究得出以下结论。

（1）治理结构和治理行为绩效对苹果合作社总体绩效水平的贡献率较大，苹果合作社总体治理绩效水平较低，但从地理区域来看，陕西产区的苹果合作社治理绩效水平高于山东和山西，山东产区的苹果合作社治理绩效水平最低，一方面，可能是由于陕西苹果合作社发展后发优势较大；另一方面，可能是由于陕西位于内陆地区，交通不便，经济发展水平相对较低，在苹果种植、储藏和销售方面，陕西果农对合作社的需求程度相对更高，更能够基于农户内生需求组建成立合作社，其治理规范化程度也相对较高。

（2）理事会是合作社决策机制的关键部分。理事会规模小的合作社其治理绩效水平较高，特别是可提高合作社组织规模绩效，表明目前我国合作社处于由初级发展向成熟期过渡阶段，组织规模较小、理事会规模较小可使合作社具有较强的环境适用性和组织结构弹性。

（3）财务公开是成员监督合作社的重要方面。财务公开测度不利于提高合作社治理的绩效，这意味着现阶段财务管理不规范，因而改进财务管理的规范性，对于提高苹果合作社治理绩效具有现实意义。

（4）执行机制关系到合作社经营管理状况。聘请职业经理人有利于提高合作社治理绩效，特别是改善治理行为绩效和组织规模绩效，但目前由于合作社受资本因素限制，聘请职业经理人的合作社比例较低，但随着合作社规模的扩大，聘请职业经理人是合作社有效治理的关键因素之一。

（5）激励机制是促进成员效用最大化的有效途径。一定比例的盈余返还和股份分红有利于提高成员参与合作社治理的积极性，但在合作社由初级发展向成熟期过渡阶段，需要平衡合作社自身组织发展和成员激励之间的关系。目前由于合作社实力较弱，较高的盈余返还和股份分红使合作社用于自身发展的资本减少，因此不利于改善合作社治理绩效。

（6）"入社自愿，退社自由"是合作社基本原则之一。成员退社没有限制和要求有利于改善合作社治理绩效；外部扶持是政府对合作社发展的有力帮助。

（7）合作社示范等级得分越高，合作社管理水平也越高，越有利于提高合作社治理绩效，特别是改善组织规模绩效和外部环境绩效，促进合作社持续有效发展。

与同类研究成果相比，上述结论利用中国苹果合作社的微观调研数据，从治理行为、治理结构、组织规模和外部环境四个方面测度合作社治理绩效，并在此基础上分析其影响因素，与徐旭初和吴彬（2010）、娄锋等（2016）和李道和等（2014）对于良好的合作社治理机制是内部机制与外部机制的有机结合，但主要依赖于内部机制，以及完善的合作社治理机制有助于改善合作社治理绩效的研究观点相一致。本书在此基础上进一步证明，设计合理的治理结构、运行有效的治理行为有利于改善合作社治理绩效，促进合作社规范治理和持续发展，使合作社在农业增效、农村发展和农民增收过程中发挥更大的作用与功能。

二 主要建议

根据当前中国农民合作社治理现状，部分合作社运行与治理过程失范使合作社难以持续有效发展，更难以在农村发展、农业增效和农民增收中发挥重要作用。要促进合作社规范发展则需要积极探索实践中合作社规范治理的模式。基于本书研究结论，笔者提出优化农民合作社治理的对策建议。

（一）营造良好的合作社治理发展市场和法制环境

1. 优化合作社治理的市场经济环境

政府相关部门应努力为苹果合作社规范化治理创造良好的外部环境。一是不断提高区域经济发展水平，优化宏观经济环境。

充分利用苹果产业的资源优势，促进苹果产业链上种植、销售、加工和运输等一、二、三产业融合发展，为苹果合作社发展提供强有力的经济支撑。二是不断加强对苹果合作社财政、金融及项目扶持。合作社作为弱势群体组织需要政府政策扶持。财政部门应有针对性地加强对苹果合作社的扶持。金融部门通过设计合适机制对合作社进行贷款，如为合作社提供小额贷款、财政贴息等，支持合作社适度规模经营，此外在土地确权登记基础上利用土地流转、土地抵押等形式充分发挥资金的聚合和辐射带动作用，促进苹果合作社规范治理和有效发展。

2. 优化合作社治理的法制环境

2007 年颁布实施的《合作社法》对农民合作社的设立和登记、成员、组织机构、财务管理、合并、分立、解散和清算扶持政策及法律责任给出初步规定，对合作社的发展具有重要指导意义，但该法仍存在诸多与合作社治理实践不相适应的问题，如虽对合作社设立条件进行规定，但门槛过低，易导致出现套取国家扶持政策的"伪合作社"，因此应提高合作社的设立条件，如进行注册验资等。该法规定政府对合作社实施财政、金融、税收和项目等一系列相关扶持政策，但如何扶持并未明确规定，因此应展开对该法的修订，使法律与合作社的发展环境及不同发展阶段相适应，提高法律执行效率和政策有效性。合作社在不同发展阶段具有不同特征，面临不同问题。政府在制定合作社政策法规过程中应在充分考虑中国体制背景和文化背景的前提下，针对合作社不同发展阶段制定侧重点不同的扶持政策，扮演不同的角色，充分发挥政府的规制功能，为合作社治理创造良好的法制环境。

（二）规范合作社治理结构设计

在坚持自愿和开放、民主管理、经济参与和自主自立的基本原则的前提下，循序渐进地规范合作社治理，完善与合作社治理实践相符的产权制度设计、利益分配机制、决策机制、监督机制、激励机制以及理事长或经理人治理，从而提高合作社治理效率，改善合作社治理绩效。

1. 完善产权制度设计

降低成员股权结构差异性，完善合作社的产权制度设计。合作社治理结构问题的根源在于成员在合作社所有权的大小，而其在合作社的所有权取决于股权结构，因此合作社治理结构问题的关键在于成员股权结构的差异性。为降低成员异质性，合作社需对成员股权结构进行改革，稀释核心成员的股权结构，提高普通成员的股权结构，降低合作社股权结构的集中度。此外，应在合作社章程中规定成员入股的比例限制，降低普通成员的"搭便车"行为和核心成员的机会主义倾向。

努力提高合作社治理的规范化水平。在合作社快速发展的同时，合作社应注重提升自身的经营管理水平和运营管理质量，从而提高治理水平。一是制定适合合作社发展的章程。章程是合作社的重要制度，合作社应制定适合自身发展和运行的章程，以指导合作社治理。二是促进成员大会、理事会和监事会有效行使其权利，保障成员的所有权、惠顾权和收益权，从而提高合作社治理效率。三是提高果农合作意识，鼓励果农积极参与合作社治理。成员是合作社治理的主体，成员积极参与合作社治理对于提高合作社治理效率，增强合作社规范化程度具有促进作用。

2. 优化利益分配机制

应当建立合理的利益分配机制，保证成员获利的公平性。优惠的农资价格和苹果收购价格以及股份分红和二次返利等是成员加入合作社的收益来源和重要激励。通过设置合理的利益分配机制确保成员加入合作社后可以获利且获利公平，降低其平均生产成本，提高其苹果种植收入，增加成员与合作社的交易量（额），提高成员参与合作社治理的积极性，从成员角度促进合作社规范化治理。目前多数合作社尚处于从发展初期向成熟期过渡阶段，激烈的市场竞争要求合作社有足够的经营资金，只有这样才能提高其治理绩效水平，因此合作社在盈余返还和股份分红上应因势利导、因地（时）制宜，坚持效率优先的原则。此外，在合作社利益分配标准决定方式方面，应通过成员大会决定合作社的利益分配标准，而不是由少数大股东成员或理事长决定；在合作社利益分配标准方面，应通过按交易量（额）返还与按股（出资）比例分红相结合的方式，但应以按交易量（额）为主，这样一方面保证合作社的本质属性，防止合作社转变为股份制公司，另一方面提高大股东成员向合作社投资的积极性。

3. 构建有效的决策机制

合作社是全体成员所有和共同控制的经济组织，需强调成员对合作社的决策权，一方面，成员参与成员大会直接对合作社相关事务进行表决；另一方面，通过成员大会选举产生理事会，理事会作为成员大会的代理人对合作社日常事务特别是经营战略制定与业务发展方向进行决策。在合作社治理实践中，在清晰界定成员大会、理事会、监事会、股东成员和经营管理人员的权力责任分布的基础上规范决策的程序和方式，根据合作社不同的决策如筹资决策、投资决策、利益分配决策或日常决策等设置不同的决策方式，由理事长根据其管理才能和市场经验进行决策，由理事会进行决策或由成员大会进行决策等，提高决策效率，促进民主管理。加强对合作社经营管理人员的专业管理技能培训，并确保培训内容能够被应用于合作社治理实践，提高全体成员的民主管理意识和法律意识。此外，应当组建与合作社规模相适应的理事会规模，降低管理型交易成本，提高理事会决策效率，改善合作社治理绩效。

4. 健全监督制度体系

由于合作社成员股权结构与资源禀赋存在差异性，在信息不对称和监督失控的情况下，核心成员易利用其掌握的控制权侵犯普通成员权益，牟取私利，因此需要构建合作社治理内、外部协调配合的监督体系。一方面，在合作社内部设置监事会或执行监事，明确其权力责任分布，强化监事会在合作社运行和治理过程中的监督职能，通过激励机制确保监事会成员履行其对合作社章程执行情况、生产经营情况和财务状况等的监督职责。在其起主要监督作用的前提下，通过定期公开合作社财务信息和营运状况充分调动成员大会和理事会的监督作用。另一方面，政府通过完善合作社法律法规加强对合作社的监督指导和财会审计，要求合作社根据其实际情况报送工作总结和财务报告并进行定期审计，加强对合作社的监管和指导，在目前"普通成员－核心成员－理事会"的治理模式下减少核心成员对普通成员利益的侵占，提高合作社治理效率及合作社治理绩效。

5. 控制和降低代理成本

组织的有效运行需要监督者，关键问题是为监督者提供激励机制，赋予监督者合适的剩余索取权是解决组织委托－代理问题的有效方案。在合作社治理实践中，合作社的整体效益与管理者（核心成员）的工作努力程度和经营管理水平具有显著的正相关关系（张满林，2009），参与约束和激励相容是合作社委托代理关系中理事会和监事会成员最重要的条件变量，赋予经营管理人员合适的剩余索取权或给予其合适的报酬可充分发挥经营管理人员的潜能，调动其管理合作社的积极性和创造力，充分发挥其企业家精神，减少其机会主义倾向，降低合作社代理成本，提高合作社治理效率。但在赋予经营管理人员剩余索取权时，既要在法律限定范围内，又不能比例过低，从而使出让的剩余索取权或给予的报酬激励起到调动经营管理人员积极性的作用。

6. 注重培养带头人

农民合作社作为农民这个弱势群体的互助性经济组织，需要充分发挥农村"能人"的带头作用，加强对合作社的规范化治理。鼓励具有企业家精神、丰富社会网络资源和要素资源的种植大户创办合作社或加入合作社担任重要职位，发挥其资源优势和"能人效应"，加强合作社规范化治理，提高合作社的盈利能力，增强合作社对成员的吸引力和凝聚力，提高成员参与合作社治理的程度。

（三）培养成员的合作意识

合作社成员之间以及成员与理事会、监事会之间的信息不完全和信息不对称，易导致核心成员侵占普通成员利益，降低普通成员参与合作社治理的积极性，因此需要合作社加强对成员的教育培训，改善成员的经营观念和合作意识。首先，加强对成员种植技术培训，提高成员种植技术水平。其次，加强成员对合作社经营管理和市场销售相关知识信息培训，改善成员经营观念和合作意识。通过教育培训改善成员的信息结构，提高成员参与合作社治理的积极性，减少普通成员"搭便车"行为和核心成员机会主义倾向。最后，通过签订正式契约构建成员与合作社之间的委托－代理关系，提高成员对合作社的信任程度。由于中国农业正处于转型时期，合作社普遍存在"一股独大"、"强势群体剥夺弱势群体"和"利益分配不公"等内部治理不规范问题，成员和合作社通过签订契约确定双方的委托－代理关系，保障成员收益权不受侵犯，加强成员参与合作社治理的程度，提高合作社规范化治理水平。

此外，通过落实合作社法和章程等规章制度，规范合作社治理结构和治理机制。确立成员大会、理事会、监事会和经理人（理事长）的权利和义务关系设置及规范的运行制度，制定适合合作社发展的章程。通过明晰成员的权利和义务，加强对成员的宣传和引导，提高成员的合作意识，促进合作社规范化治理。

三　研究展望

合作社治理问题研究涉及范围较广，内容较多。在目前中国的市场经济环境和农村经营制度下，处于由发展初期向成熟期过渡阶段的合作社治理仍面临诸多需要进一步深度挖掘和研究探讨的问题，这也对笔者今后的研究工作提出新的要求和挑战。基于现有研究，笔者认为对中国苹果合作社治理这一专题未来或许可以基于以下三个方面进行深入研究和广泛拓展。

首先，苹果合作社治理结构模式问题。本书着重考察了两种合作社治理结构模式的运行过程及其有效性问题，而有待于研究的另外一个重要问题是在何种市场环境和政策环境下产生何种治理结构模式，即不同类型合作社治理结构模式产生的根源，以及不同合作社治理结构模式的适应性问题，在后续研究中可在合作社外部治理环境分析的基础上将政府、组织与成员三个层面结合起来对合作社治理相关问题进行深入分析和探讨。

其次，苹果合作社非正式制度治理问题。基于正式制度治理，本书对苹果合作社内部的治理结构、治理行为和治理绩效问题进行了研究，但基于非正式制度的合作社治理的内生系统和外生系统对合作社也有重要作用和影响。其中，内生系统主要包括成员对组织以及成员之间的信任关系、成员对组织的认同和了解等方面，外生系统主要包括合作社的声誉效应、区域（村庄）信任网络环境、社区文化和道德约束等方面。

最后，苹果合作社发展的内生驱动问题。笔者认为目前苹果合作社治理失范的根本原因在于中国苹果合作社发展不是基于果农内生驱动发展起来的，而是在政府推动下发展起来的，这就出现果农对合作社的内生需求与合作组织的制度供给不匹配问题，对于内生需求与制度供给不匹配的问题可在新古典经济学和新制度经济学方面进行深入的理论分析和实证检验。

总之，中国苹果合作社治理问题需要更加深入细致的研究，对完善系统的理论框架的要求也更加迫切，这就需要研究者构建一个基于中国农业经营制度和"三农"问题背景下，符合中国国情及富有解释力的合作社治理体系，推动合作社治理理论的发展和苹果合作社治理规范化，实现合作社真正为成员服务的目标和宗旨。

参考文献 ◄

B. 沃德，1958，《伊利亚市场工联主义的企业》（英文版），《美国经济评论》第48卷第4号。

E. 多马，1966，《作为生产合作社的苏维埃集体农庄》（英文版），《美国经济评论》第56卷。

J. 范尼克，1970，《工人管理市场经济的一般理论》，康奈尔大学出版社。

阿道夫·A. 伯利、加德纳·C. 米恩斯，2005，《现代公司与私有财产》，甘华鸣、罗锐韧、蔡如海译，商务印书馆。

阿弗里德·马歇尔著，2012，《经济学原理》（珍藏本），廉运杰译，华夏出版社。

奥列弗·E. 威廉姆森著，2002，《资本主义经济制度——论企业签约与市场签约》，段毅才、王伟译，商务印书馆。

宝斯琴塔娜，2015，《多重因素影响贡献度视角下农民合作社利益分配研究》，《商业经济研究》第35期。

蔡昉，1999，《合作与不合作的政治经济学——发展阶段与农民社区组织》，《中国农村观察》第5期。

蔡荣、韩洪云，2012，《农户参与合作社的行为决策及其影响因素分析——以山东省苹果种植户为例》，《中国农村观察》，第5期。

陈共荣、沈玉萍、刘颖，2014，《基于BSC的农民专业合作社绩效评价指标体系构建》，《会计研究》第 2 期。

陈俊梁、陈建荣，2010，《合作社治理结构新模式》，《中国农民合作社》第 8 期。

陈强，2010，《高级计量经济学及 Stata 应用》（第二版），高等教育出版社。

程克群、孟令杰，2011，《农民专业合作社绩效评价指标体系的构建》，《经济问题探索》第 3 期。

崔宝玉，2009，《股份合作社运行规范化的实证分析——对浙江台州和湖州 42 家合作社的调查》，《西北农林科技大学学报》（社会科学版）第 2 期。

崔宝玉，2011，《农民专业合作社中的委托代理关系及其治理》，《财经问题研究》第 2 期。

崔宝玉、陈强，2011，《资本控制必然导致农民专业合作社功能弱化吗?》，《农业经济问题》第 2 期。

崔宝玉、简鹏、王纯慧，2016，《农民专业合作社：绩效测度与影响因素——兼析我国农民专业合作社的发展路径》，《中国农业大学学报》（社会科学版）第 4 期。

崔宝玉、李晓明，2008，《资本控制下的合作社功能与运行的实证分析》，《农业经济问题》第 1 期。

崔宝玉、刘峰，2013，《快速发展战略选择下的合作社政府规制及其改进》，《农业经济问题》第 2 期。

崔宝玉、刘峰、杨模荣，2012，《内部人控制下的农民专业合作社治理——现实图景、政府规制与制度选择》，《经济学家》第 6 期。

崔宝玉、谢煜，2014，《农民专业合作社："双重控制"机制及其治理效应》，《农业经济问题》第 6 期。

崔宝玉、张忠根、李晓明，2008，《资本控制型合作社合作演进中的均衡——基于农户合作程度与退出的研究视角》，《中国农村经济》第 9 期。

邓衡山、徐志刚、黄季焜、宋一青，2011，《组织化潜在利润对农民专业合作组织形成发展的影响》，《经济学季刊》第 7 期。

邓衡山、徐志刚、应瑞瑶、廖小静，2016，《真正的农民专业合作社为何在中国难寻？——一个框架性解释与经验事实》，《中国农村观察》第 4 期。

蒂莫西·J. 科埃利（Timothy J. Coelli）、D. S. 普拉萨德·拉奥（D. S. Prasade Rao）、克里斯托弗·J. 奥唐奈（Christopher J. O. Donnell）、乔治·E. 巴蒂斯（George E. Battese），2008，《效率与生产率分析引论》，王忠玉译，中国人民大学出版社。

丁为民，1998，《西方合作社的制度分析》，经济管理出版社。

董晓媛、Gregory K. Dow，2000，《自由退出是否减少了生产队中的偷懒？》，载林毅夫《再论制度与中国农业发展》，北京大学出版社。

杜润生，1994，《谈股份合作制》，《上海农村经济》第 6 期。

段利民、霍学喜，2012，《我国农民专业合作社国内文献综述》，《技术经济与管理研究》第 3 期。

樊纲，1990，《现代三大经济理论体系的比较与综合》，上海三联书店。

冯根福，2004，《双重委托代理理论：上市公司治理的另一种分析框架——兼论进一步完善中国上市公司治理的新思路》，《经济研究》第 12 期。

冯根福，2009，《中国公司治理前沿问题研究》，经济科学出版社。

冯娟娟、霍学喜，2017，《成员参与合作社治理行为及其影响因素——基于 273 个苹果种植户的实证分析》，《农业技术经济》第 2 期。

冯娟娟、霍学喜，2017，《合作社利益分配行为，治理行为与产权制度安排——基于苹果种植户合作社的经验证据》，《农村经济》第 12 期。

冯娟娟、霍学喜，2017，《何种合作社治理模式更加有效？——基于苹果种植户合作社的案例分析》，《华中农业大学学报》（社会科学版）第 6 期。

冯开文，1999，《从经典合作理论看中国农村合作的路径》，《中国农业大学学报》（社会科学版）第 3 期。

冯开文，1999，《论中国农业合作制度变迁的格局与方向》，《中国农村观察》第 3 期。

弗里曼，2006，《战略管理：利益相关者方法》，王彦华、梁豪译，上海译文出版社。

扶玉枝，2012，《农业合作社效率研究》，博士学位论文，浙江大学。

扶玉枝、徐旭初，2013，《技术进步、技术效率与合作社生产率增长》，《财贸研究》第 6 期。

傅晨，1999，《论农村社区型股份合作制制度变迁的起源》，《中国农村观察》第 2 期。

傅晨，1999，《农村社区型股份合作制的治理结构———个交易费用经济学的透视》，《农业经济问题》第 6 期。

傅晨，2001，《社区型农村股份合作制产权制度研究》，《改革》第 5 期。

傅晨，2004，《农民专业合作经济组织的现状及问题》，《经济学家》第 5 期。

高莹、陈冬冬、王月歌，2015，《农民专业合作社绩效多方法评价分析——基于雅安市的调查数据》，《重庆理工大学学报》（社会科学版）第 1 期。

郭鹏鹏，2013，《农民专业合作社治理绩效的对比研究》，硕士学位论文，兰州大学。

国鲁来，2001，《合作社制度及专业协会实践的制度经济学分析》，《中国农村观察》第 4 期。

国鲁来，2005，《合作社的经营规模与组织效率》，《农村经营管理》第 9 期。

国鲁来，2006，《农民合作组织发展的促进政策分析》，《中国农村经济》第 6 期。

韩喜平、李恩，2011，《异质性视角下农民专业合作社管理协同研究》，《学习与探索》第 6 期。

赫希曼，2001，《退出、呼吁与忠诚——对企业、组织和国家衰退的回应》，卢昌崇译，经济科学出版社。

亨利·法约尔著，2007，《工业管理与一般管理》，迟力耕、张璇译，机械工业出版社。

侯翔，2010，《农民专业合作社绩效评价：理论与实证分析》，硕士学位论文，山东大学。

黄胜忠，2007，《转型时期农民专业合作社的组织行为研究——基于成员异质性的视角》，博士学位论文，浙江大学。

黄胜忠，2014，《农民专业合作社经营管理机制研究》，西南财经大学出版社。

黄胜忠、林坚、徐旭初，2007，《农民专业合作社的成员承诺研究》，《华南农业大学学报》（社会科学版）第 4 期。

黄胜忠、林坚、徐旭初，2008，《农民专业合作社治理机制及其绩效实证分析》，《中国农村经济》第 3 期。

黄胜忠、徐旭初，2008，《成员异质性与农民专业合作社的组织结构分析》，《南京农业大学学报》（社会科学版）第 8 期。

黄祖辉、扶玉枝，2012，《创新与合作社效率》，《农业技术经济》第 9 期。

黄祖辉、扶玉枝，2013，《合作社效率评价：一个理论分析框架》，《浙江大学学报》（人文社会科学版）第 1 期。

黄祖辉、扶玉枝、徐旭初，2011，《农民专业合作社的效率及其影响因素分析》，《中国农村经济》第 7 期。

黄祖辉、徐旭初，2006，《基于能力和关系的合作治理——对浙江省农民专业合作社治理结构的解释》，《浙江社会科学》第

1 期。

黄祖辉、徐旭初、冯冠胜，2002，《农民专业合作组织发展的影响因素分析——对浙江省农民专业合作组织发展现状的探讨》，《中国农村经济》第 3 期。

霍学喜，2009，《建立农民专业合作社》，《西部大开发》第 8 期。

焦源，2013，《山东省农业生产效率评价研究》，《中国人口·资源与环境》第 12 期。

孔祥智，2016，《合作社在农业供给侧改革中的作用》，《中国农民合作社》第 3 期。

孔祥智、史冰清、钟真等，2012，《中国农民专业合作社运行机制与社会效应研究——百社千户调查》，中国农业出版社。

李道和、陈江华，2014，《农民专业合作社绩效分析——基于江西省调研数据》，《农业技术经济》第 12 期。

李建军、刘平等主编，2009，《农村专业合作组织发展》，中国农业大学出版社。

李然、冯中朝，2009，《环境效应和随机误差的农户家庭经营技术效率分析——基于三阶段 DEA 模型和我国农户的微观数据》，《财经研究》第 9 期。

李尚勇，2011，《农民合作社的制度逻辑——兼谈其发展存在的问题》，《农业经济问题》第 7 期。

李维安、陈小洪、袁庆宏，2013，《中国公司治理转型与完善之路》，机械工业出版社。

李维安、武立东，2003，《公司治理教程》，上海人民出版社。

李晓锦、刘易勤，2015，《合作社成员深化合作的意愿及其影响因素分析——基于浙江省农民专业合作社的调查数据》，《湖南农业大学学报》（社会科学版）第 3 期。

李玉勤，2008，《农民专业合作组织发展与制度建设研讨会综述》，《农业经济问题（月刊）》第 2 期。

理查德·L. 达夫特，2011，《组织理论与设计》（第10版），王凤彬、张秀萍、刘松博、石乌云等译，北京大学出版社。

梁巧，2011，《合作社对农户生产效益和规模效率的影响》，博士学位论文，浙江大学。

梁巧，2013，《中国农民合作社的设立、治理与效率》，浙江大学出版社。

梁巧，2015，《基于2012—2014年国内外合作社文献的梳理与思考》，《农业经济问题（月刊）》第11期。

梁巧、黄祖辉，2011，《关于合作社研究的理论和分析框架：一个综述》，《经济学家》第12期。

梁巧、吴闻、刘敏、卢海阳，2014，《社会资本对农民合作社社员参与行为及绩效的影响》，《农业经济问题》第11期。

廖媛红，2015，《农民专业合作社的社会资本与绩效之间的关系研究》，《东岳论丛》第8期。

林坚、黄胜忠，2007，《成员异质性与农民专业合作社的所有权分析》，《农业经济问题》第10期。

林坚、马彦丽，2006，《农业合作社和投资者所有企业的边界——基于交易费用和组织成本角度的分析》，《农业经济问题》第3期。

林坚、王宁，2002，《公平与效率：合作社组织的思想宗旨及其制度安排》，《农业经济问题》第9期。

林毅夫，1992，《集体化与中国1959-1961年的农业危机》，《制度、技术与中国农业发展》，上海人民出版社。

刘彦文、张晓红，2010，《公司治理》（第二版），清华大学出版社。

刘勇，2009，《西方农业合作社理论文献综述》，《华南农业大学学报》（社会科学版）第10期。

柳晓阳，2005，《农村专业合作社机制与职能转型初探》，《农业经济问题》第9期。

娄锋、程士国、樊启，2016，《农民专业合作社绩效评价及绩效影响因素》，《北京理工大学学报》（社会科学版）第 2 期。

卢现祥、朱巧玲，2007，《新制度经济学》，北京大学出版社。

罗必良，2007，《农民合作组织：偷懒、监督及其保障机制》，《中国农村观察》第 2 期。

罗茨（R. Rhodes），1996，《新的治理》，《政治研究》第 154 期。

罗纳德·科斯，1937，《企业的性质》，奥利弗·威廉姆森、斯科特·马思腾编《交易成本经济学——经典名篇选读》，李自杰、蔡铭等译，人民出版社，2008。

罗西瑙（J. N. Rosenau），1995，《没有政府统治的治理》，剑桥大学出版社；《21 世纪的治理》，《全球治理》创刊号。

罗颖玲、李晓、杜兴端，2014，《农民专业合作社综合绩效评价体系设计》，《农村经济》第 2 期。

马彦丽、孟彩英，2008，《我国农民专业合作社的双重委托 - 代理关系——兼论存在的问题及改进思路》，《农业经济问题》第 5 期。

马彦丽、施轶坤，2009，《我国"农民专业合作社"概念辨析》，自主创新与持续增长第十一届中国科协年会论文集（3）。

曼瑟尔·奥尔森，1995，《集体行动的逻辑》，陈郁、郭宇峰、李崇新译，上海人民出版社。

潘克定，2010，《农民专业合作社运行绩效与影响因素研究——以江苏省扬州市为例》，硕士学位论文，扬州大学。

乔俊国，2009，《浅析农民专业合作社制度环境》，《中国证券期货》第 8 期。

秦愚，2015，《农业合作社的资本问题——基于相关理论与实践的思考》，《农业经济问题》第 7 期。

全球治理委员会，1995，《我们的全球伙伴关系》，http://www.gdrc.org/u-gov/global-neighbourhood/chap1. htm。

任大鹏、郭海霞，2008，《合作社制度的理想主义与现实主义——基于集体行动理论视角的思考》,《农业经济问题》第 3 期。

任梅,2012,《中国农民专业合作社的政府规制研究》,中国经济出版社。

邵科、黄祖辉,2014,《农民专业合作社成员参与行为、效果及作用机理》,《西北农林科技大学学报》(社会科学版)第 6 期。

邵科、徐旭初,2008,《成员异质性对农民专业合作社治理结构的影响——基于浙江省 88 家合作社的分析》,《西北农林科技大学学报》(社会科学版)第 3 期。

邵科、徐旭初,2013,《合作社社员参与:概念、角色与行为特征》,《经济学家》第 1 期。

侍进敏,2010,《农民专业合作社绩效评价研究》,硕士学位论文,西北农林科技大学。

斯蒂芬·A. 罗斯(Stephen A. Ross)、伦道夫·W. 威斯特菲尔德(Randolph W. Westerfield)、杰弗利·F. 杰富(Jeffrey F. Jaffe),2012,《公司理财》(第九版),吴世农、沈艺峰、王志强等译,机械工业出版社。

苏东水,2000,《产业经济学》(第二版),高等教育出版社。

速水佑次郎、神门善久,2009,《发展经济学——从贫穷到富裕》(第三版),李周译,社会科学文献出版社。

孙亚范,2008,《农民专业合作经济组织利益机制及影响因素分析——基于江苏省的实证研究》,《农业经济问题》第 9 期。

孙亚范,2010,《农民专业合作经济组织的利益机制及其激励效应评析》,《学会》第 1 期。

孙亚范,2010,《农民专业合作社社员退出意愿的影响因素分析——基于江苏省的调查数据》,《南京农业大学学报》(社会科学版)第 12 期。

孙亚范,2011,《社员利益需求、行为激励与农民合作组织的制度分析——基于江苏社员农户的调研数据》,《华东经济管理》第 1 期。

孙亚范、余海鹏，2012，《农民专业合作社成员合作意愿及影响因素分析》，《中国农村经济》第 6 期。

孙亚范、余海鹏，2012，《农民专业合作社制度安排对成员行为及组织绩效影响研究》，《南京农业大学学报》（社会科学版）第 12 期。

孙艳华、周力、应瑞瑶，2007，《农民专业合作社增收绩效研究——基于江苏省养鸡农户调查数据的分析》，《南京农业大学学报》（社会科学版）第 2 期。

谭智心、孔祥智，2011，《不完全契约、非对称信息与合作社经营者激励——农民专业合作社"委托 – 代理"理论模型的构建及其应用》，《中国人民大学学报》第 5 期。

唐宗焜，2007，《合作社功能和社会主义市场经济》，《经济研究》第 12 期。

万俊毅，2008，《准纵向一体化、关系治理与合约履行》，《管理世界》第 12 期。

王静，2013，《苹果种植户技术选择行为研究》，博士学位论文，西北农林科技大学。

王军，2010，《合作社治理：文献综述》，《中国农村观察》第 2 期。

王丽佳，2013，《交易成本视角的农户合作交易模式研究》，博士学位论文，西北农林科技大学。

王鹏、霍学喜，2012，《合作社中农民退社的方式及诱因分析——基于渤海湾优势区苹果合作社 354 位退社果农的追踪调查》，《中国农村观察》第 2 期。

王鹏、于宏、霍学喜，2015，《退社行为对农民合作组织可持续发展的影响分析——基于三个苹果合作社典型案例》，《农业经济问题》第 7 期。

温铁军，2013，《农民专业合作社发展的困境与出路》，《湖南农业大学出版社》（社会科学版）第 8 期。

文雷，2013，《中国农民专业合作社治理机制与绩效：理论与实证研究》，博士学位论文，西北农林科技大学。

吴彬，2014，《农民专业合作社治理结构：理论与实证研究》，博士学位论文，浙江大学。

吴彬、徐旭初，2013，《合作社的状态特性对治理结构类型的影响研究——基于中国 3 省 80 县 266 家农民专业合作社的调查》，《农业技术经济》第 1 期。

席酉民、赵增耀，2004，《公司治理》，高等教育出版社。

徐会奇、王克稳、李辉，2010，《成员异质性下的合作社问题探究——来自委托代理的视角》，《山东经济》第 3 期。

徐旭初，2005，《农民专业合作经济组织的制度分析》，博士学位论文，浙江大学。

徐旭初，2009，《农民专业合作社绩效评价体系及其验证》，《农业技术经济》第 4 期。

徐旭初，2014，《农民合作社发展中政府行为逻辑：基于赋权理论视角的讨论》，《农业经济问题》第 1 期。

徐旭初、吴彬，2010，《治理机制对农民专业合作社绩效的影响——基于浙江省 526 家农民专业合作社的实证分析》，《中国农村经济》第 5 期。

颜华、冯婷，2015，《农民专业合作社普通成员的利益实现及其保障机制研究——基于黑龙江省 25 家种植业合作社的调查》，《农业经济问题》第 2 期。

杨灿君，2016，《"能人治社"中的关系治理研究——基于 35 家能人领办型合作社的实证研究》，《南京农业大学学报》（社会科学版）第 2 期。

杨丹、刘自敏、徐旭初，2015，《环境异质性、合作社交叉效率与合作关系识别》，《农业技术经济》第 3 期。

应瑞瑶，2002，《合作社的异化与异化的合作社——兼论中国农业合作社定位》,《江海学刊》第 6 期。

袁久和，2013,《农民专业合作社中的委托代理关系与治理机制研究》,博士学位论文,华中农业大学。

苑鹏，2001,《中国农村市场化进程中的农民合作组织研究》,《中国社会科学》第 6 期。

苑鹏，2002《组织的未来》,《中国改革》第 1 期。

苑鹏，2004,《关于理顺农民合作组织产权关系的思考》,《中国农民合作经济》第 1 期。

苑鹏，2007,《美国政府在发展农民合作社中的作用及启示》,《农业经济问题》第 9 期。

苑鹏，2007,《试论合作社与股份公司的本质区别与相互联系》,《农村经营管理》,第 2 期。

苑鹏，2008,《农民专业合作社联合社发展的探析——以北京市密云县奶牛合作联合社为例》,《中国农村经济》第 8 期。

苑鹏，2009,《部分西方发达国家政府与合作社关系的历史演变及其对中国的启示》,《中国农村经济》第 8 期。

苑鹏、汤斌，2002,《迈向 21 世纪的合作社理论：如何应对经济全球化的挑战》,《农村合作经济经营管理》第 1 期。

张俊、章胜勇，2015,《合作社营运绩效评价及验证——基于专家、管理者和社员三方视角的对比分析》,《经济学家》第 9 期。

张连刚、柳娥，2015,《组织认同、内部社会资本与合作社成员满意度——基于云南省 263 个合作社成员的实证分析》,《中国农村观察》第 5 期。

张满林，2007,《我国农民专业合作社治理研究》,博士学位论文,北京林业大学。

张维迎，1996,《博弈论与信息经济学》,格致出版社、上海三联书店、上海人民出版社。

张晓山，2009,《农民专业合作社的发展趋势探析》,《管理世界》第 5 期。

张雪莲、冯开文，2008，《农民专业合作社决策权分割的博弈分析》，《中国农村经济》第 8 期。

张雪莲、冯开文、段振义，2011，《农村合作社的激励机制探析——基于北京市 10 区县 77 个合作社的调查》，《经济纵横》第 2 期。

张征华、马锐，2015，《我国农民合作社的绩效评价研究综述》，《农村经济与科技》第 2 期。

赵佳荣，2010，《农民专业合作社"三重绩效"评价模式研究》，《农业技术经济》第 2 期。

赵晓峰，2015，《农民专业合作社制度演变中的"会员制"困境及其超越》，《农业经济问题》第 2 期。

赵晓峰、刘涛，2012，《农村社会组织生命周期分析与政府角色转换机制探究——以鄂东南一个村庄社区发展理事会为例》，《中国农村观察》第 5 期。

浙江省农业厅课题组，2008，《农民专业合作社绩效评价体系初探》，《农村经营管理》第 10 期。

周立群、曹利群，2001，《农村经济组织形态的演变与创新》，《经济研究》第 1 期。

周应恒、胡凌啸，2016，《中国农民专业合作社还能否实现"弱者的联合"？——基于中日实践的对比分析简》，《中国农村经济》第 6 期。

Ajzen, I. 1985. "From Intentions to Actions: A Theory of Planned Behavior." *Springer Berlin Heidelberg*.

Ajzen, I. 1991. "The Theory of Planned Behavior." *Organizational Behavior and Human Decision Processes*, 50 (2): 179 – 211.

Alback, S., Schultz C. 1997. "One Cow, One Vote?" *The Scandinavian Journal of Economics*, 99 (4): 597 – 615.

Alchian, Alchian, & Demsetz H. 1972. "Production, Information Costs, and Economic Organization." *The American Economic Re-*

view, 62 (5): 777 - 795.

Aresvik, O. 1955. "Comments on Economic Nature of the Cooperative Association." *Journal of Farm Economics*, 37 (1): 140 - 144.

Ariyaratne, C. B. , Featherstone A. M. , Langemeier M. R. , et al. 2000. "Measuring X-efficiency and Scale Efficiency for a Sample of Agricultural Cooperatives." *Agricultural and Resource Economics Review*, 29 (2): 198 - 207.

Bekkum, O. F. , Bijman J. 2006. "Innovations in Cooperative Ownership: Converted and Hybrid Listed Cooperatives." *The 7th International Conference on Management in Agrifood Chains and Networks*, Ede, The Netherlands. 31.

Bijman, J. , Hendrikse G. , Oijen A. 2013. "Accommodating Two Worlds in One Organization: Changing Board Models in Agricultural Cooperatives." *Managerial and Decision Economics*, 34 (3 - 5): 204 - 217.

Bijman, J. 2006. "Governance Structures in the Dutch Fresh-produce Industry." *Quantifying the Agri-food Supply Chain*, 207 - 223.

Bontems, P. , Fulton M. 2005. "Organizational Structure and the Endogeneity of Cost: Cooperatives, for Profit Firms and the Cost of Procurement." *Institut National De La Recherche Agronomique-Unité d'Economie et Sociologie Rurales.*

Borgen, S. O. 2004. "Rethinking Incentive Problems in Cooperative Organizations." *The Journal of Socio-Economics*, 33 (4): 383 - 393.

Bourgeon, J. M. , Chambers R. G. 1999. "Producer Organizations, Bargaining, and Asymmetric Information." *American Journal of Agricultural Economics*, 81 (3): 602 - 609.

Bowles, P. , Dong X. Y. 1999. "Enterprise Ownership, Enterprise Organization, and Worker Attitudes in Chinese Rural Industry: Some New Evidence." *Cambridge Journal of Economics*, 23 (1): 1 - 20.

Chaddad, F. , Iliopoulos C. 2013. "Control Rights, Govern- ance, and the Costs of Ownership in Agricultural Cooperatives. " *Agribusiness*, 29 (1): 3 – 22.

Chaddad, F. 2012. "Advancing the Theory of the Cooperative Organization: The Cooperative as a True Hybrid. " *Annals of Public and Cooperative Economics*, 83 (4): 445 – 461.

Chaddad, F. R. , Cook M. L. 2004. "Understanding New Coop- erative Models: An Ownership-Control Rights Typology. " *Applied Economic Perspectives and Policy*, 26 (3): 348 – 360.

Clarkson, M. E. 1995. "A Stakeholder Framework for Analyzing and Evaluating Corporate Social Performance. " *Academy of Management Review*, 20 (1): 92 – 117.

Condon, A. M. 1987. "The Methodology and Requirements of a Teory of Modern Cooperative Enterprise. " *Cooperative Theory: New Approaches*, 1 – 32.

Condon, A. M. 1987. "The Methodology and Requirements of a Theory of Modern Cooperative Enterprise. " *Cooperative Theory: New Approaches*, 1 – 32.

Cook Michael L. Plunkett, "Collectove Entrepreneur-Ship: An Emerging Phenomenon in Producer-Owned Organizatvons. " *Journal of Agricultural and Applied Economics*, 2006, 38 (2): 421 – 428.

Cook, Michael, L. 1995. "The Future of US Agricultural Coop- eratives: A Neo-institutional Approach. " *American Journal of Agricul- tural Economics*, 77 (5): 1153 – 1159.

Cook, M. L. , Tong L. 1997. "Definitional and Classification Is- sues in Analyzing Cooperative Organizational Forms. Co-operatives: Their Importance in the Future Food and Agriculture System. " *FAMC*, 1 – 97: 113 – 118.

Cook, M. L. 1994. "The Role of Management Behavior in Agricultural Cooperatives. " *Journal of Agricultural Cooperation*, 9: 42 – 58.

Cottrell, C. A. and Neuberg, S. L. 2007. "What Do People De-sire in Others? A Socio-functional Perspective on the Importance of Dif-ferent Valued Characteristics . " *Journal of Personality and Social Psy-chology*, 92 (2): 208 – 231.

Dechow, P. M. , Sloan R. G. 1991. "Executive Incentives and the Horizon Problem: An Empirical Investigation. " *Journal of Ac-counting and Economics*, 14 (1): 51 – 89.

Donaldson, T. , Preston L. E. 1995. "The Stakeholder Theory of the Corporation: Concepts, Evidence, and Implications. " *Academy of Management Review*, 20 (1): 65 – 91.

Dongmei, Li and Man Tian. 2012. "The Empirical Study of Per-formance Evaluation on the Specialized Cooperative Organizations of Farmers. " in Sichuan by AHP, *Journal of Management and Sustain-ability*, Vol. 2, No. 1, March, 200 – 209.

Doorneweert, B. 2008. "Entrepreneurship, Collective Entrepre-neurship and the Producer-owned Firm. " *The 12th Congress of the Eu-ropean Association of Agricultural Economics*. Ghent, Belgium.

Drivas, K. , Giannakas K. 2010. "The Effect of Cooperatives on Quality-Enhancing Innovation. " *Journal of Agricultural Economics*, 61 (2): 295 – 317.

Dunn, J. R. 1988. "Basic Cooperative Principles and Their Re-latvonship to Selected Practices. " *Journal of Agricultureal Loopera-tion*, 3: 83 – 93.

Egerstrom, L. 2004. "Obstacles to Cooperation. " *Cooperatives and Local Development: Theory and Applications for the 21st Century*, 70 – 92.

Eilers, C. , Hanf C. H. 1999. "Contracts between Farmers and Farmers' Processing Co-operatives: A Principal-Agent Approach for the

Potato Starch Industry. " *Vertical Relationships and Coordination in the Food System*. Physica-Verlag HD, 267 – 284.

Emelianoff, I. V. 1942. *Economic Theory of Cooperation*. Publisher: Ann Arbor, Edward Brothers.

Enke, Stephen. 1945. " Consumer Cooperatives and Economic Efficiency?" *The American Economic Review*, 35 (1): 148 – 155.

Fama, E. F., Jensen M. C. 1983. " Separation of Ownership and Control. " *Journal of Law and Economics*, 26 (2): 301 – 325.

Ferrier, G. D., Porter P. K. 1991. " The Productive Efficiency of US Milk Processing Cooperative. " *Journal of Agricultural Economics*, 42 (2): 161 – 173.

Ferrin, Donald L., Bligh, Michelle C. and Kohles, Jeffrey C. 2007. " Can I Trust You to Trust Me? A Theory of Trust, Monitoring and Cooperation in Interpersonal and Intergroup Relationship. " *Group & Organization Management*, 32 (4): 465 – 499.

Freeman, R. E. 1954. *Strategic Management a Stakeholder Approach*. Boston MA: Pitman.

Fried, H. O., Lovell C. A. K., Schmidt S. S., et al. 2002. " Accounting for Environmental Effects and Statistical Noise in Data Envelopment Analysis. " *Journal of Productivity Analysis*, 17 (1 – 2): 157 – 174.

Fried, H. O., Schmidt S. S., Yaisawarng S. 1999. " Incorporating the Operating Environment into a Nonparametric Measure of Technical Efficiency. " *Journal of Productivity Analysis*, 12 (3): 249 – 267.

Fulton, M., Vercammen J. 1995. " The Distributional Impacts of Non-uniform Pricing Schemes for Co-operatives. " *Journal of Cooperatives*, 10: 18 – 32.

Galdeano-Gomez, E. 2008. " Productivity Effects of Environmental Performance: Evidence from TFP Analysis on Marketing Cooperatives. " *Applied Economics*, 40 (14): 1873 – 1888.

Grossman, S. J. , Hart O. D. 1986. " The Costs and Benefits of Ownership: A Theory of Vertical and Lateral Integration. " *Journal of Political Economy*, 94 (4): 691 – 719.

Guilford, J. P. 1954, *Psychometric Methods.* New York: McGraw Hill.

Hailu, G. , Jeffrey S. R. , Goddard E. W. 2007. " Capital Structure, Firm Size, and Efficiency: The Case of Farm Petroleum and Animal Feed Co-operatives in Canada. " *Agricultural Finance Review*, 67 (2): 279 – 293.

Hakelius, K. 1996. *Cooperative Values: Farmers' Cooperatives in the Minds of Farmers.* Ph. D. Thesis Dis- sertation No. 32, Swedish University of Agricultural Sciences, Uppsala.

Hakelius, K. 1996. *Cooperative Values. Farmers' Coperatives in the Minds of Frmers.* Dissertations-Swedish University of Agricultural Sciences (SLU), Department of Economics (Sweden)

Hakelius, K. " Cooperative Values Farmers' Cooperatives in the Minds of Farmers. " *Uppsala: Dissertations-Swedish University of Agriwltural Sciences* (SLU), 1996.

Han, Guoming, Zhang Xian. 2011. " Research on Competitiveness of the Developmental Pattern of ' Enterprise + Cooperative ': A Case of Lamb Fattening Cooperatives in Hainan Sub-prefecture of Qinghai Province. " *Asian Agricultural Research*, 3 (1): 80 – 84.

Hansmann, H. 2009. *The Ownership of Enterprise.* Harvard University Press.

Harris, A. , Stefanson B. , Fulton M. 1996. " New Generation Cooperatives and Cooperative Theory. " *Journal of Cooperatives*, 11: 15 – 28.

Harris, A. , Stefanson B. , Fulton M. 1996. " New Generation

Cooperatives and Cooperative Theory. " *Journal of Cooperatives*, 11: 15 - 28.

Hart, O. , Moore J. 1990. "Property Rights and the Nature of the Firm. " *Journal of Political Economy*, 1119 - 1158.

Hart, O. 1995. "Corporate Governance: Some Theory and Implications. " *The Economic Journal*, 105 (430): 678 - 689.

Helmberger, P, Hoos S. 1962. "Cooperative Enterprise and Organization Theory. " *Journal of Farm Economics*, 44 (2): 275 - 290.

Helmberger, P. G. , Hoos S. 1965. "Co-operative Bargaining in Agriculture. Grower-processor Markets for Fruits and Vegetables. " *Berkeley: Univ. Calif. Div. Agric.* Sci.

Helmberger, P. G. 1964. "Cooperative Enterprise as a Structural Dimension of Farm Markets. " *Journal of Farm Economics*, 46 (3): 603 - 617.

Hendrikse, G. , Bijman J. 2002. "Ownership Structure in Agrifood Chains: The Marketing Cooperative. " *American Journal of Agricultural Economics*, 84 (1): 104 - 119.

Hendrikse, G. W. J. , Veerman C. P. 2001a. "Marketing Cooperatives and Financial Structure: A Transaction Costs Economics Analysis. " *Agricultural Economics*, 26 (3): 205 - 216.

Hendrikse, G. W. J. , Veerman C. P. 2001b. "Marketing Cooperatives: An Incomplete Contracting Perspective. " *Journal of Agricultural Economics*, 52 (1): 53 - 64.

Hendrikse, G. W. J. 1998. "Screening, Competition and the Choice of the Cooperative as an Organizational Form. " *Journal of Agricultural Economics*, 49 (2): 202 - 217.

Hendrikse, G. W. J. 2005. "Contingent Control Rights in Agricultural Cooperatives. " *Strategies for Cooperation.* Aachen: Shaker Verlag, 385 - 394.

Hoffmann, R. 2005. "Ownership Structure and Endogenous Quality Choice: Cooperatives Versus Investor-owned Firms." *Journal of Agricultural & Food Industrial Organization*, 3 (2) .

Iliopoulos, C. , Cook M. L. 1999 . "The Efficiency of Internal Resource Allocation Decisions in Customer-owned Firms: The Influence Costs Problem. " *Annual Conference of the International Society for New Institutional Economics Washington*, DC, September: 16 – 18.

Jensen, M. C. , Meckling W. H. 1979. Rights and Production Functions: An Application to Labor-managed Firms and Codetermination. *Journal of Business*, 469 – 506.

Jensen, M. C. , Meckling W. H. 1976. "Theory of the Farm: Managerial Behavior, Agency Costs and Ownership Structure. " *Journal of Financial Economics*, 3 (4): 305 – 360.

Jensen, M. C. , Murphy K J. 1990. "CEO Incentives: It's not how Much You Pay, but how. " *Harvard Business Review*, May-June, No. 3, pp. 138 – 153.

Jensen, M. C. , Murphy K. J. 1990. "Performance Pay and Top-management Incentives. " *Journal of Political Economy*, 225 – 264.

Jensen, M. C. 1986. "Agency Cost of Free Cash Flow, Corporate Finance, and Takeovers," *American Economic Review*, 76 (2): 323 – 329.

Jones, T. M. 1995. "Instrumental Stakeholder Theory: A Synthesis of Ethics and Economics. " *Academy of Management Review*, 20 (2): 404 – 437.

Kaarlehto, P. 1955. "Cooperation as a Form of Economic Integration. " *Acta Agriculturae Scandinavica*, 5 (1): 85 – 97.

Karantininis, K. , Zago A. 2001. "Endogenous Membership in Mixed Duopsonies. " *American Journal of Agricultural Economics*, 1266 – 1272.

Krasachat, W. , Chimkul K. 2009. Performance Measurement of Agricultural Cooperatives in Thailand: An Accounting-based Data Envelopment Analysis//Productivity, Efficiency, and Economic Growth in the Asia-Pacific Region. Physica-Verlag HD, 255 – 266.

Melgarejo, Z. , Arcelus F. J. , Simon-Elorz K. 2011. "A three-stage DEA-SFA Efficiency Analysis of Labour-owned and Mercantile Frms. " *Journal of Industrial and Management Optimization*, 7 (3): 573 – 592.

Murphy, K. J. , Zimmerman J. L. 1993. "Financial Performance Surrounding CEO Turnover. " *Journal of Accounting and Economics*, 16 (1): 273 – 315.

Murphy, K. J. 1985. "Corporate Performance and Managerial Remuneration: An Empirical Analysis. " *Journal of Accounting and Economics*, 7 (1): 11 – 42.

Ménard, C. 2007. "Cooperatives: Hierarchies or Hybrids?" Vertical Markets and Cooperative Hierarchies. Springer Netherlands, 1 – 18.

Nilsson, Jerker. 2001. "Organisational Principles for Co-operative Firms. " *Scandinavian Journal of Management*, 17 (3): 329 – 356.

Nilsson, J. 1997. "New Generation Farmer Co-ops. " *Review of International Cooperation*, 90: 32 – 38.

OECD. 2015. "G20/OECD Principles of Corporate Governance. " http://www. oecd. org/corporate/principles-corporate-governance. htm.

Ohm, H. 1956. "Member Behavior and Optimal Pricing in Marketing Cooperatives. " *Journal of Farm Economics*, 38 (2): 613 – 621.

Ollila, P. 1984. "Member Influence in Cooperatives: Contributions of Scandinavian Studies to the Research Conducted in the United States. " *Journal of Agricultural Science in Finland*.

Ortmann, G. F. , King R. P. 2007. "Agricultural Cooperatives I: History, Theory and Problems. " *Agrekon*, 46 (1): 18 – 46.

Ortmann, G. F., King R. P. 2007. "Agricultural Cooperatives II: Can They Facilitate Access of Small-Scale Farmers in South Africa to Input and Product Markets?" *Agrekon*, 46 (2): 219 –244.

O'Connor, J., Thompson G. 2001. "International Trends in the Structure of Agricultural Cooperatives: A Report for the Rural Industries Research and Development Corporation. " *Rural Industries Research & Development Corporation.*

Pascucci, S. and Gardebroek, C. 2010. "Some Like to Join, Others to Deliver: An Econometric Analysis of Farmers' Relationships with Agricultural Co-operatives. " paper presented for presentation at the 114th EAAE Seminar "Structural Changein Agriculture," Berlin, Germany, April 15 – 16.

Pestoff, V. 1998. *Beyond the Market and State: Social Enterprises and Civil Democracy in a Welfare Society.*

Pestoff, V. 1999. "The Future of Consumer Cooperatives in Post-industrial Societies. " *Journal of Co-operative Studies*, 32 (3): 208 –219.

Phillips, R. 1953. "Economic Nature of the Cooperative Association. " *Journal of Farm Economics*, 35 (1): 74 –87.

Porter, P. K., Scully G. W. 1987. Economic Efficiency in Cooperatives. *Journal of Law and Economics*, 30 (2): 489 –512.

Rhodes, V. J. 1983. "The Large Agricultural Cooperative as a Competitor. " *American Journal of Agricultural Economics*, 65 (5): 1090 –1095.

Robotka, F. 1947. "A Theory of Cooperation. " *Journal of Farm Economics*, 29 (1): 94 –114.

Rosenstein, S., Wyatt J. G. 1994. "Shareholder Wealth Effects When an Officer of One Corporation Joins the Board of Directors of Another. " *Managerial and Decision Economics*, 15 (4): 317 –327.

Royer, J. S. 1992. "Cooperative Principles and Equity Financing: A Critical Discussion. " *Journal of Agricultural Cooperation*, 7: 79 – 98.

Royer, J. S. 1999. "Cooperative Organizational Strategies: A Neo-institutional Digest. " *Journal of Cooperatives*, 14 (1): 44 – 67.

Sexton, R. J. 1986a. "The Formation of Cooperatives: A Game-theoretic Approach with Implications for Cooperative Finance, Decision Making, and Stability. " *American Journal of Agricultural Economics*, 68 (2): 214 – 225.

Sexton, R. J. 1986b. "Cooperatives and the Forces Shaping Agricultural Marketing. " *American Journal of Agricultural Economics*, 68 (5): 1167 – 1172.

Sexton, R. J. 1990. "Imperpect Umpetvtion in Agriaulture Markets and the Role of Cooperatives: A Spatial Analysvs. " *American Journal of Agriculture Economics*, 72 (3): 709 – 720.

Singhavara, M. , Leerattanakorn N. , Cheamuangphan A. , et al. 2013. "An Analysis of Operational Efficiency and Optimal Development for Agricultural Cooperatives in Chiang Mai . " *Empirical E-conometrics & Quantitative Economics Letters*, (2): 83 – 96.

Spear, R. 2004. "Governance in Democratic Member Based Organisations. " *Annals of Public and Cooperative Economics*, 75 (1): 33 – 60.

Staatz, J. M. 1983. "The Cooperative as a Coalition: A Game-theoretic Approach. " *American Journal of Agricultural Economics*, 65 (5): 1084 – 1089.

Staatz, J. M. 1985. "A Game Theoretic Analysis of Decision-making in Farmer Cooperatives. " *Cooperative Theory: New Approaches*, USDA ACS Service Rep, Issue 18.

Staatz, J. M. 1987. "Recent Developments in the Theory of Agricultural Cooperation. " *Journal of Agricultural Cooperation*, 2 (20):

74 - 95.

Staatz, J. M. 1987. "The Structural Characteristics of Farmer Cooperatives and Their Behavioral Consequences." *Cooperative Theory, New Approaches*, 33 - 60.

Sun Meiyu, Luo Jiehan, Duan Yueyong, Wang Yong. 2011. "Comprehensive Evaluation on Demonstration Farmers' Specialized Cooperatives on the Basis of AHP Model." *Asian Agricultural Research*, 3 (9): 43 - 46.

Theriault, V. , Serra R. 2014. "Institutional Environment and Technical Efficiency: A Stochastic Frontier Analysis of Cotton Producers in West Africa." *Journal of Agricultural Economics*, 65 (2): 383 - 405.

Trifon, R. 1961. "The Economics of Cooperative Ventures—Further Comments." *Journal of Farm Economics*, 43 (2): 215 - 235.

USDA. 2002. "Agricultural Cooperatives in the 21st Century." *RBCS, Cooperative Information Report 60*, Washington D. C. , 1 - 36.

USDA. 2012. The Nature of Cooperative. http://www. rurdev. usda. gov/supportdocuments/RR224. pdf.

Vercammen, J. , Fulton M. , Hyde C. 1996. "Nonlinear Pricing Schemes for Agricultural Cooperatives." *American Journal of Agricultural Economics*, 78 (3): 572 - 584.

Vitaliano, P. 1983. "Cooperative Enterprise: An Alternative Conceptual Basis for Analyzing a Complex Institution." *American Journal of Agricultural Economics*, 65 (5): 1078 - 1083.

Williamson, Oliver E. 1975. *Markets and Hierarchies: Analysis and Antitrust Implications.* New York: Free Press.

Williamson, O. E. 1985. *The Economic Institutions of Capitalism.* Simon and Schuster, New York: The Free Press.

Williamson, O. E. 1991a. "Economic Institutions: Spontaneous and Intentional Governance. " *Journal of Law, Economics, & Organization*, 7: 159 – 187.

Williamson, O. E. 1991b. "Comparative Economic Organization: The Analysis of Discrete Structural Alternatives. " *Administrative Science Quarterly*, 36 (2): 269 – 296.

Xiang, L. Y. , Sumelius J. 2010. "Analysis of the Factors of Farmers' Participation in the Management of Cooperatives in Finland. " *Journal of Rural Cooperation*, 38 (2): 134.

Zusman, P. 1992. "Constitutional Selection of Collective-choice Rules in a Cooperative Enterprise. " *Journal of Economic Behavior & Organization*, 17 (3): 353 – 362.

▶ 附　录

问卷编号：_____

苹果合作社治理调查问卷

调查地：_____省（自治区）_____市（地区）
_____县（市、区）_____乡（镇）_____村
合作社名称：_____
理事长姓名：_____
理事长电话：_____
理事长邮箱：_____
合作社独立网站：（1）无（2）有，http://_____
调查员姓名：_____
调查日期：2015 年 ____月____日

2015 年合作社调查问卷

（合作社层面）

尊敬的理事长：

您好！这是一份关于探讨中国苹果产业发展过程中苹果种植

户合作社的发展状况、治理结构、治理行为和治理绩效的调查问卷，调查依托的是国家苹果产业体系项目（CARS–28）。本次调查的主要目的是通过对苹果主产区不同类型苹果种植户合作社的发展状况、治理结构、治理行为和治理绩效的调查，为果业部门及产业发展提供指导和促进农民合作社发展的相关法律与政策建议，推动我国农民合作社的持续健康快速发展。本问卷中的问题答案无对错之分，您填答的所有资料，仅供学术研究使用，绝不外流。问卷中的各问项，除另有说明是多选外，都是单选。请按您的实际情况或想法，在合适的选项处选择或者在空格中填上适当的内容。非常感谢您的支持与合作！

苹果产业经济研究室

2015 年 6 月

A 合作社基本情况

1. 按《农民专业合作社法》工商注册登记年月：＿＿＿年＿＿＿月，最初注册资金：＿＿＿万元，目前注册资金＿＿＿万元。

2. 合作社是否由果农协会转化而来？ （1）是，协会成立时间：＿＿年＿＿＿月 （0）否

3. 由谁牵头成立了本合作社？（单选）

    （1）县、乡镇政府 　　　　（2）农业科技推广部门或供销社

    （3）村委会或村干部 　　　（4）苹果专业种植大户

    （5）经纪人或营销大户 　　（6）公司/加工企业

    （7）农资经销商 　　　　　（8）大学/科研组织/社会团体等

    （9）普通农民

4. 成立本合作社的主要目的是：＿＿＿＿＿＿（可多选）。

    （1）获取政府优惠政策支持

    （2）降低苹果种植经营的成本

    （3）苹果种植规模化的要求

（4）解决统一农资采购问题

（5）统一标准化管理，提高种植技术

（6）解决资金信贷问题

（7）树立自己的品牌

（8）解决苹果销售问题

5. 按合作社职能划分，本合作社属于哪一类别？（单选）

（1）生产导向型（包括农资供应或技术培训等）

（2）营销或销售导向型

（3）加工导向型

（4）服务导向型（包括技术信息或市场信息服务等）

（5）多功能综合型（产销一体化）合作社

6. 果业合作社经营服务内容：_____（可多选），其中主营业务_____（单选）。

（1）农资经营或代购（化肥、农药、果袋等）

（2）技术信息服务和科技培训

（3）只提供销售信息，不参与交易

（4）苹果收购销售服务（收购社员/非社员的苹果并统一组织销售）

（5）苹果冷库仓储服务　　（6）苹果分级包装服务

（7）苹果加工服务（包括苹果初级加工/深加工）

（8）资金信贷服务　　　　（9）苹果运输服务

7. 本合作社的总体运行模式属于以下哪一种？

（1）合作社 + 农户　　　　（2）合作社 + 基地 + 农户

（3）（公司/加工企业 + 合作社）+ 农户

（4）公司/加工企业 +（合作社 + 农户）

（5）（公司/加工企业 + 合作社 + 基地）+ 农户

（6）公司/加工企业 +（合作社 + 基地 + 农户）

（7）协会 + 合作社 + 农户

8. 2014 年，合作社覆盖范围：____个村，____个乡镇；成立时，合作社覆盖范围：____个村，____个乡镇。

9. 合作社社员情况　　　　　　　　　　　　单位：名

社员情况	社员总数	理事会成员数	监事会成员数	农民社员数	团体社员数	本村社员数	外村社员数	代办人数	带动周围非社员农户数（户）
2014 年底									
成立时									

10. 合作社覆盖苹果种植面积_____亩，社员苹果种植面积最大_____亩，最小_____亩。

11. 合作社是否有外聘专业经理人？　　（1）是　　（0）否

12. 合作社管理人员的总人数_____人，其中专职人员_____人，兼职人员_____人。

13. 合作社内部工作是否有不同部门的专业划分？　　（1）是（0）否

14. a. 合作社是否有财务会计人员？

（1）无　　（2）兼职，有_____人，工资_____元/月/人

（3）专职，有_____人，工资_____元/月/人

b. 若有，会计人员是否有会计从业资格证？　　（1）是（0）否

15. a. 合作社是否有苹果营销人员（代办、经纪人）？（1）是，有_____人　　（0）否

b. 是专职还是兼职？　　（1）专职　　（0）兼职

c. 是否支付工资？　　（1）是，_____元/月　　（0）否

16. a. 合作社是否有苹果种植技术指导人员？（1）是，有_____人（0）否

b. 是专职还是兼职？　　（1）专职　　（0）兼职

c. 是否支付工资？　　（1）是，_____元/月　　（0）否

17. a. 合作社有固定雇工_____人，工作岗位是_____，工资_____元/月/人。

b. 合作社有临时雇工_____人，工资_____元/天/人，每年平均工作_____天。

18. 合作社属于哪级示范合作社？

    （0）都不是　　　　　　　（1）县级

    （2）市级　　　　　　　　（3）省级

    （4）国家级

19. 近两年合作社的经营状况？

    （1）经营较好，效益明显　　（2）经营一般，略有盈余

    （3）经营困难，基本没有盈余

20. 合作社社员的人均年纯收入_____元，本乡镇农户的人均年

    纯收入_____元。

21. a. 合作社是否为每个社员设立账户？　　（1）是　　（0）否

    b. 与每位社员是否有完整详细的产品交易记录？　　（1）是

    （0）否

22. 合作社是否提供苹果分级检验和分类包装处理？　　（1）是

    （0）否

    a. 若是，您对合作社提供分级包装服务的满意度？

    （1）非常不满意　　　　　（2）不满意

    （3）一般　　　　　　　　（4）比较满意

    （5）非常满意

23. 合作社是否有苹果质量安全追溯制度？　　（1）是，具体如何

    追溯_____　　（0）否

24. a. 合作社是否有注册商标/品牌？（1）是，品牌名称_____，

    自己投入资金_____元，政府补助_____元　　（0）否

    b. 哪一级品牌？

    （1）县级品牌　　　　　　（2）市级品牌

    （3）省级品牌　　　　　　（4）国家级品牌

25. 合作社是否有固定办公及服务场所？　　（1）是，占地_____

    亩　　（0）否

26. 合作社是否苹果种植示范基地？

    （1）是，基地面积_____亩，基地主要分布在_____（村/

乡镇/县/市/省/全国）　　　（0）否

27. 果业合作社是否通过各类质量认证？（0）没有　　（1）无公害
认证，_____亩　（2）绿色认证，_____亩　（3）有机认
证，_____亩。

28. 果业合作社是否有果品加工功能？

（1）是，加工（分级包装、初级价格和精加工）车间面积_____
平　（0）否

a. 若是，您对合作社提供苹果加工服务的满意度？

（1）非常不满意　　　　　（2）不满意

（3）一般　　　　　　　　（4）比较满意

（5）非常满意

29. 果业合作社是否有苹果储藏功能？（1）是，冷库数量_____
个，储藏量_____吨　　（0）否

a. 若是，2014 年冷库储藏苹果_____斤，其中社员_____
斤，非社员_____斤，储藏费：社员_____元/斤，非社员__
____元/斤。

b. 若是，您对合作社提供苹果储藏服务的满意度？

（1）非常不满意　　　　　（2）不满意

（3）一般　　　　　　　　（4）比较满意

（5）非常满意

B 合作社理事长基本情况

1. 自合作社成立以后有没有更换过社长或理事长？（1）是，到
目前共有_____任　　（0）否

2. 若更换过，由于什么原因？

（1）经营管理能力差　　　（2）以权谋私

（3）自动辞职　　　　　　（4）岗位调动

（5）正常届满　　　　　　（6）其他_____

3. 现任理事长基本情况	任期时间	性别 (1) 男； (0) 女	年龄 (周岁)	受教育程度 (编码1)	是不是党员？ (1) 是； (0) 否	目前所从事的其他工作 (编码2)	成为社长之前的工作经历 (编码2)
	____年____月到____年____月						

编码1：(1) 没上学；(2) 小学；(3) 初中；(4) 高中或中专；(5) 大专及以上

编码2：(1) 县或乡镇行政干部；(2) 县或乡镇技术推广人员；(3) 村干部；
(4) 苹果种植大户；(5) 经营农资公司或商店；(6) 果商或经纪人
(7) 企业负责人；(8) 一般苹果种植户；(9) 其他公司普通员工

4. 理事长的出资额（股金）_____元，持股量_____股，占总出资额（股份）的_____%，苹果种植面积_____亩。

5. a. 理事长如何产生？

(1) 社员大会选举　　　(2) 理事会推举确定

(3) 发起人自任　　　　(4) 政府任命

(5) 村委会任命　　　　(6) 企业任命

b. 根据合作社章程规定，理事长一届任期_____年

6. 理事长是否拿工资？　(1) 是，2014 年的工资为_____元/月

(0) 否

7. 您认为合作社最优的生产模式_____。

(1) 集中连片，统一经营　(2) 集中连片，分户经营

(3) 分户经营，不干涉农户行为

8. 理事长的社会关系网络：和您经常来往的人有_____人，您手机联系人有_____人。

C 合作社治理结构

（一）社员（代表）大会

1. 合作社是否召开社员（代表）大会？　(1) 是 (0) 否——答否，则结束"社员（代表）大会"部分。

2. 2014 年共召开_____次社员（代表）大会，举行大会的目的_____。

（1）技术培训或交流苹果种植技术

（2）修改章程或规章制度

（3）理事会/监事会成员变动决策

（4）年终总结和分红

（5）审议合作社发展规划或业务经营计划

（6）重大事项（如重大财产处置、对外投资等）的决策

（7）聘请专业经营管理人员/技术/营销人员

3. 2014 年社员（代表）大会的平均参会人数_____人/次，会后能否达到预期效果？

（1）不能　　（2）基本可以　　　（3）效果很好

4. 合作社是否选举社员代表？（1）是，每_____名社员选举产生一名社员代表　　（0）否

5. 社员（代表）大会的表决方式？

（1）一人一票

（2）一人一票+附加表决权，但不超过总投票数的 20%

（3）一股一票

（4）按生产经营规模比例入股，并按股份比例

（5）按交易量（额）

（6）不投票，领导决定

（7）其他_____

6. 出资额或交易量（额）较大社员，在社员（代表）大会是否享有附加表决权？

（1）是，占表决权总数的_____%　　（0）否

7. 是否有详细的社员（代表）大会/理事会会议/监事会会议的记录？

（1）没有　　（2）有，但不详细　　（3）每次都有详细记录

（二）理事会

1. 合作社是否设置理事会？　　（1）是　　（0）否

2. 合作社理事会：理事会成员人数（包括理事长）：_____名，

设副理事长_____名，理事会成员任期_____年；其中种植大户_____名、经纪人_____名、技术人员_____名、企业负责人_____名。

3. 理事会成员基本情况（按出资额由大到小排列）：

文化程度：（1）没上学 （2）小学 （3）初中 （4）高中或中专 （5）大专及以上

	理事2	理事3	理事4	理事5	理事6	理事7	理事8	理事9	理事10
出资（元）									
性别 [（1）男；（0）女]									
年龄（岁）									
文化程度									
是不是党员 [（1）是；（0）否]									
种植面积（亩）									

4. 理事会社员是否从合作社领取一定的报酬（工资或津贴等）？
（1）是，_____元/月 （0）否

（三）监事会

1. 合作社是否设置监事（会）？ （1）是 （0）否

2. 合作社监事会：监事会成员人数（包括监事长或执行监事）：_____名，监事会成员任期_____年；其中种植大户_____名、经纪人_____名、技术人员_____名、企业负责人_____名。

3. 监事会成员基本情况（按出资额由大到小排列）：

文化程度：（1）没上学 （2）小学 （3）初中 （4）高中或中专 （5）大专及以上

	监事1	监事2	监事3	监事4	监事5	监事6	监事7	监事8	监事9
出资（元）									
性别 [（1）男；（0）女]									
年龄（岁）									

续表

	监事 1	监事 2	监事 3	监事 4	监事 5	监事 6	监事 7	监事 8	监事 9
文化程度									
是不是党员 [（1）是；（0）否]									
种植面积（亩）									

4. 监事会社员是否从合作社领取一定的报酬（工资或津贴等）？

（1）是，_____元/月　（0）否

（四）资产与股权结构（截至 2014 年 12 月 31 日）

1. 本合作社的资产总额（包括社员出资和固定资产投资）_____万元，其中固定资产_____万元。

2. 社员 出资 情况	出资社 员数 （名）	出资 总额 （万元）	农民社员 出资人数 （名）	农民社员 出资总额 （万元）	企业 出资 （万元）	社员最多 出资额 （元）	社员最少 出资额 （元）
2014 年							
成立时							

3. 社员出资的比例：

　a. 全体出资最多的社员在合作社中的职务：_____，出资额_____元，所占出资总额的比例为_____%。

　b. 全体出资最多五位社员的出资总额_____元，所占的比例为_____%。

　c. 全体出资最多五位社员出资额和苹果种植面积分别为：

　（1）____元，____亩；（2）____元，____亩；（3）____元，____亩；（4）____元，____亩；（5）____元，____亩。

　d. 出资最多前十位社员的出资总额_____元，所占出资总额的比例为_____%。

4. 理事、监事与前五大出资人员是否完全重合？（1）是　（0）否

5. 合作社是否有股份认定？（1）是，共设置____股，每股____元，价值共_____元（0）否（若否，跳至下一部分）

6. a. 合作社社员股份是否可以转让？　（1）是　（0）否

　　b. 若是，是否可以向非社员转让？　（1）是　（0）否

　　c. 若可以转让，则股份转让由谁决定？

　　（1）社员（代表）大会　　　（2）理事会

　　（3）理事长　　　　　　　　（4）其他_____

D 合作社治理行为

（一）利益分配

1. 合作社内部利益分配标准/方式等由谁决定？

　　（1）社员（代表）大会　　（2）股东社员大会

　　（3）理事会　　　　　　　（4）理事长

2. 合作社的分红方式：

　　（1）按交易量（额）分配　（2）按股份或出资额分红

　　（3）按交易量（额）与按股份分配相结合，两者相当

　　（4）按交易量（额）与按股份分配相结合，以按交易量（额）分配为主

　　（5）按交易量（额）与按股份分配相结合，以按股份分配为主

　　（6）利润在社员中平均分配

　　（7）刚成立农民专业合作社，还没有利润分配

　　（8）只提供技术、信息等服务，各户经营，合作社没有利润分配

3. 合作社盈利分配情况：2014 年是否有盈利？

　　（1）是，盈利总额____万元，并填写____　（0）否

　　a. 2014 年，按交易量（额）返还____万元，按股分红____万元，公积金____万元，公益金____万元。

　　b. 成立时，按交易量（额）返还____万元，按股分红____万元，公积金____万元，公益金____万元。

4. 合作社是否有股份分红？

（1）是，2014 年每股份红＿＿＿＿元，共分红＿＿＿＿元，占总盈余的比例＿＿＿％　　（0）否

5. 合作社是否有返利？（1）是，2014 年共返利＿＿＿＿元，占总盈余的比例＿＿＿％　　（0）否

6. 您对合作社分红或返利的满意程度？

　　（1）非常不满意　　　　　（2）不满意　　　（3）一般

　　（4）比较满意　　　　　　（5）非常满意

7. 合作社提取公积金比例＿＿＿＿＿＿％；提取公益金比例＿＿＿＿＿＿％；提取风险基金或发展基金比例＿＿＿＿＿＿％。(若无，则填 0)

8. 合作社 2014 年提取的公积金或公益金是否量化为每个社员的份额？　　（1）是　　（0）否

9. 合作社是否出现过亏损？

　　（1）是，如何弥补？a. 用公积金弥补 b. 用以后年度的盈余弥补 c. 其他＿＿＿＿＿＿　　（0）否

（二）决策行为

1. 合作社是否有理事长选举制度？　　（1）是　　（0）否

2. 合作社是否召开理事会议？　　（1）是，2014 年召开理事会议次数：＿＿＿＿＿＿次，召开目的＿＿＿＿＿＿

　　a. 组织技术培训

　　b. 制订财务预决算、盈余分配或亏损弥补等方案

　　c. 决定社员入社或退社等相关事项

　　d. 制定合作社发展规划或年度业务经营计划或内部管理规章制度等

　　e. 决定聘任或解聘财务会计/营销/技术等相关专业人员

　　f. 年终总结和分红

　　g. 其他＿＿＿＿＿＿

　　（0）否

3. 理事会议是否允许社员或社员代表列席？

　　（1）是，允许＿＿＿＿＿＿名社员或社员代表列席　　（0）否

4. 理事会的选举和表决的方式：

   （1）一人一票　　　　　　（2）一人一票＋附加表决权

   （3）一股一票　　　　　　（4）按股份/出资额比例投票

   （5）按交易量（额）　　　（6）不投票，理事长决定

5. 投资活动（如修建仓库、扩大业务规模等）由谁决定？

   （1）社员大会　　　　　　（2）股东社员大会

   （3）理事会　　　　　　　（4）理事长

（三）监督行为

1. 合作社每年是否召开监事会议？　　（1）是，2014 年召开监事
   会议的次数：_____次　　（0）否

2. 监事会履行过以下哪些职责？

   （1）监督理事会对社员大会决议和章程的执行情况

   （2）监督检查本社的生产经营情况

   （3）审核监察本社财务工作

   （4）监督理事长或理事会成员和经理履行职责情况

   （5）向社员大会提交年度监察报告

   （6）向理事长或理事会提出质询过改进工作的建议

   （7）记录理事成员与本社的业务交易

3. 监事会会议是否与理事会会议同时召开？（1）是　（0）否

4. 合作社财务信息和营运状况是否公开？　　（1）是，每年公开
   _____次，公开范围_____

   a. 社员（代表）大会公布　　　　　b. 只对理事会公开

   c. 向交股金社员公布　　　　　　　d. 张榜公布

   （0）否

5. 合作社监事会是否常向理事会提出监督意见？

   （1）非常少　（2）较少　　（3）一般

   （4）较多　　（5）非常多

6. 社员是否有权按章程规定查阅合作社会议记录、财务状况？

   （1）是　　（0）否

7. 合作社的普通社员是否经常向理事会和监事会提出意见和建议？

(1) 非常少　(2) 较少　　(3) 一般

(4) 较多　　(5) 非常多

8. 是否接受行政主管部门的监督？

(1) 是，什么部门？_____如何监督？_____2014 年有多少次？_____次 (0) 否

(四) 社员入社行为 (截至 2014 年底)

1. a. 社员入社，是否给社员颁发社员证？　　(1) 是 (0) 否

   b. 社员入社，是否与社员签订入社合同？　　(1) 是 (0) 否

2. 合作社自成立以来，是否吸收新的社员？　　(1) 是，新吸收了_____名　　(0) 否

3. 新吸收的社员通过什么方式加入合作社的？　　(1) 主动要求加入　　(2) 别人动员介绍加入

4. 合作社新社员的入社条件：(1) 随便加入　　(2) 有限制性

   (3) 不接收新社员

5. 若对新社员有限制性，加入本合作社需要哪些条件 (可多选)？

   (1) 当地苹果种植农户　　(2) 承认合作社章程

   (3) 苹果种植达到一定规模，_____亩

   (4) 必须缴纳股金，_____股，每股_____元

   (5) 必须缴纳会费，_____元

   (6) 接受统一的果园标准化管理

   (7) 具有丰富的苹果种植经验

   (8) 社员的苹果销售必须经过合作社

   (9) 必须使用合作社提供的农资

6. 若需要缴纳股金，每人最少需要缴纳的股数为_____股，每股数额为_____元。

7. 社员缴纳的股金数是否有最高限额？　　(1) 是，具体限额为_____股　　(0) 否

8. 除了现金以外，还有哪些入股方式？

(0) 没有 (1) 果园，_____股/亩 (2) 实物，价值_____元

9. 社员加入合作社由谁决定？(1) 社员（代表）大会 (2) 理事会 (3) 理事长 (4) 社员自行决定

10. 合作社在未来的发展过程中会吸收新的社员吗？ (1) 不会 (2) 会吸收少量社员 (3) 吸收更多的社员

（五）社员退出行为

1. 章程规定中，一般社员退社是否有限制和要求？(1) 是 (0) 否

2. 章程规定中，合作社工作人员或理事会、监事会成员任期内是否能够退社？(1) 是 (0) 否

3. 当社员退出时，社员出资股金的处置办法：(可多选)

(1) 可继续持有，享受分红　　(2) 可自由转让给其他社员

(3) 可要求合作社退还股金　　(4) 自动取消股金，不退换

4. 合作社成立以来，是否发生过社员退社情况？ (1) 是，退社_____名 (0) 否

5. 社员退社的主要原因：

(1) 转而从事其他行业

(2) 年费太高

(3) 合作社提供的服务价格太高

(4) 合作社提供的服务太少

(5) 没有提供所承诺的服务

(6) 好处不大，自己要求退社

(7) 看到其他社员退社，自己也退社

(8) 由于违反合作社规定，被开除

(9) 其他原因_____

6. 社员退社时，其出资额是否退还？ (1) 不退还 (2) 部分退还，退还比例_____% (3) 全部退还

7. 社员退社时，该社员的公积金、公益金份额是否退还？

(1) 是 (0) 否

8. 社员退出合作社由谁决定?

(1) 社员(代表)大会　(2) 理事会　(3) 理事长
(4) 社员自行决定

F 合作社收支与经营情况

1. 经营情况　　　　　　　　　　　单位:万元

	年经营收入	年纯盈余	理事会成员交易额	监事会成员交易额	与社员交易额	与非社员交易额	社员人均年纯收入
2014 年							
成立时							

2. 合作社经费支出情况　　　　　　单位:万元

	苹果收购	农资采购	人员工资	办公费用	其他支出
2014 年					
成立时					

3. 合作社收入来源情况　　　　　　单位:万元

	社员股份/出资	苹果销售收入	农资销售收入	社员会费	其他收入
2014 年					
成立时					

注:其他收入包括政府补贴、企业赞助、项目经费等。

4. 固定资产分布情况　　　　　　　单位:万元

	办公服务场所	冷库	加工、包装设备	农机	其他
2014 年					
成立时					

G 果业合作社治理环境

(一) 整体发展环境

1. 多数社员对合作社治理的满意度如何?

（1）非常不满意　　（2）不满意

（3）一般　　　　　（4）比较满意

（5）非常满意

2. 政府相关部门对合作社经营和管理决策的干预程度？

（1）没有　　　　　（2）基本没有

（3）有一些　　　　（4）比较严重

（5）非常严重

3. 政府有关行政主管部门是否要求合作社备案，报送年度财务报告和工作总结并进行审计？　　（1）是　　（0）否

4. 请简要说明合作社未来的发展规划。（可多选）

（1）扩大生产种植规模　　（2）投资基础设施建设（如冷库等）

（3）投资加工包装设备　　（4）进行品牌建设

（5）计划绿色、有机或无公害产品认证　（6）其他_____

（二）产品市场

1. 合作社苹果及其加工产品在当地市场（本乡镇）的市场占有率_____％。

2. 合作社所销售的苹果价格由谁决定？

（1）自己　　　　　（2）客商

（3）超市　　　　　（4）企业

（5）批发市场　　　（6）专卖店等零售商

（7）政府、事业单位等团体客户

（8）与苹果买方协商

3. a. 本乡镇业务相近的同行业的竞争程度如何？

（1）没有　（2）极少　（3）一般

（4）较强　（5）很强

b. 主要来自哪些方面的竞争？

（1）质量（果个/果色等）（2）产品价格　（3）外地客商

（4）信息技术等　　　　　（5）其他_____

4. a. 您在未来会拓展新的苹果销售渠道吗？（1）是　（0）否

b. 您在未来会拓展新的农资的采购渠道吗？（1）是（0）否

5. 本乡镇是否有其他较大规模的水果种植产业（如桃、樱桃、葡萄等）？ （1）是 （0）否

（三）经理人市场

1. a. 合作社是否有招聘专员管理人才的需求？（1）是（0）否

   b. 若需要招聘，是否较易招聘到？（1）是（0）否

2. 您觉得招聘专业管理人才最大的困难是什么？

   （1）资金限制，福利待遇较低

   （2）环境条件比较艰苦

   （3）专业人才思想意识，不愿从事农业

   （4）其他_____

3. a. 合作社是否已经招聘了专业管理人才？（1）是（0）否

   b. 若是，专业管理人才对合作社有帮助吗？（1）是（0）否

   4. a. 您是否有招聘专业管理人才的渠道？（1）是（0）否

   b. 政府是否帮助合作社招聘专业管理人才？（1）是（0）否

（四）法规政策扶持

1. 您对《农民专业合作社法》的了解程度？

   （1）不知道　　　　（2）有点知道

   （3）知道　　　　　（4）比较了解

   （5）非常了解

2. 当地政府对合作社的政策扶持力度如何？

   （1）完全没有　　　（2）有，但落实难度大

   （3）支持一般　　　（4）支持较大

   （5）支持很大

3. 是否参加过农业行政主管部门及其他部门组织的各种办社指导或技术培训？ （1）是 （0）否

   若是，办社指导方面的培训_____次，种植技术方面的培训_____次。

4. 是否获得过县级及以上相关政府主管部门组织的奖励表彰？

（1）物质奖励，奖励物质是_____，共_____次　（2）非物质奖励，奖项是_____，共_____次　（3）没获得过

5. 是否获得过县级及以上相关政府主管部门的资金扶持？

	年份	金额（万元）	资金用途（编码1）		年份	金额（万元）	资金用途（编码1）
中央财政				市/县/乡镇财政			
省级财政				其他			

编码1（可多选）：（1）购买农资/农机（2）收购苹果（3）品牌建设（4）建设生产基地（5）建设经营办公场所（6）建设冷库或购置加工包装设备

6. 是否获得过县级及以上相关政府主管部门的金融信贷支持？

（1）是　（0）否

若是，哪一年，如何支持？_____年，信贷支持_____万元，支持形式_____

（1）无息贷款　　　　　　　　（2）贴息贷款

（3）帮助其在信贷部门获取贷款

（4）其他_____

7. 是否获得过县级及以上相关政府主管部门的生产资料、技术、设备的补贴？

（1）是　（0）否

若是，哪一年，政府是通过什么方式进行补贴的？_____年，补贴方式_____，总价值_____元。

（1）农资补贴（化肥/农药/果袋补贴等）

（2）免费技术培训和指导　（3）农机补贴

（4）冷库建设补贴　　　　（5）加工设备补贴

（6）公共设施建设补贴（如修建办公场所、修路等）

（7）其他_____

8. 是否获得过县级及以上相关政府主管部门的产品促销/品牌建

设方面的支持？（1）是　（0）否

若是，政府是如何进行产品促销/品牌建设方面的支持的？_____，支持资金_____元

（1）支持参加产品展销会或推介会

（2）提供市场信息或市场营销咨询

（3）支持商标品牌注册

（4）支持直销窗口建设

（5）支持有机、绿色、无公害等认证

（6）其他_____

9. 是否获得过县级及以上相关政府主管部门组织的技术推广项目扶持？（1）是　（0）否

若是，则 a. _____年_____项目，扶持资金_____万元，示范面积_____亩。

b. _____年_____项目，扶持资金_____万元，示范面积_____亩。

提示：问卷结束，请理事长协助提供合作社最新的《合作社章程》及相关总结材料或报告，电子版或纸质版皆可。

我们保证，相关资料只用于学术研究，绝不外流！

正式访问结束，感谢被访者！

图书在版编目（CIP）数据

苹果合作社：治理结构、行为与绩效／冯娟娟，霍
学喜著. -- 北京：社会科学文献出版社，2018.10
（中国"三农"问题前沿丛书）
ISBN 978 - 7 - 5201 - 2996 - 1

Ⅰ.①苹…　Ⅱ.①冯…②霍…　Ⅲ.①苹果 - 农业合
作社 - 专业合作社 - 研究 - 中国　Ⅳ.①F321.42

中国版本图书馆 CIP 数据核字（2018）第 139222 号

中国"三农"问题前沿丛书
苹果合作社：治理结构、行为与绩效

著　　者／冯娟娟　霍学喜

出 版 人／谢寿光
项目统筹／任晓霞
责任编辑／胡　亮

出　　版／社会科学文献出版社·社会学出版中心（010）59367159
　　　　　地址：北京市北三环中路甲 29 号院华龙大厦　邮编：100029
　　　　　网址：www.ssap.com.cn
发　　行／市场营销中心（010）59367081　59367018
印　　装／三河市尚艺印装有限公司

规　　格／开　本：787mm × 1092mm　1/16
　　　　　印　张：14.25　字　数：190 千字
版　　次／2018 年 10 月第 1 版　2018 年 10 月第 1 次印刷
书　　号／ISBN 978 - 7 - 5201 - 2996 - 1
定　　价／69.00 元